# 조직신학단상

내일을여는지식 / 종교 7

# 조직신학단상

주성일 지음

한국학술정보㈜

# 머리말

    본서는 필자의 신학 소논문들을 조직신학 로키(loci)별로 묶은 책이다. 제1장에는 계시론(啓示論)으로서 '칼 바르트와 판넨베르크의 계시 이해 연구'를 실었다. 제2장은 신론(神論)으로서 '칼 바르트의 하나님 개념의 변천'을 실었다. 이 소논문은 장로회신학대학교 조직신학 교수님으로 재직 중이신 김명용 교수님의 박사학위 논문에 많은 신세를 졌다. 제3장은 '몰트만 신학의 구조와 특징들'을 실었으며, 제4장은 기독론(基督論)으로서 '몰트만의 기독론'을 실었다. 제5장은 성령론(聖靈論)으로서 '삼위일체에서의 성령의 인격(person)에 관한 연구'를 실었으며, 제6장은 교회론(敎會論)으로서 '내일의 교회'를 실었다. 그리고 마지막으로 제7장은 '종말론(終末論)'의 여러 가지 사안들(영혼불멸, 중간상태, 부활, 죽음 이후의 삶, 연옥설)을 정리해 보았다.

    끝으로 필자의 『만물을 새롭게 하시는 하나님』(2008년) 이후에 또 다시 『조직신학단상』을 출판해 주신 한국학술정보(주)에 감사드린다.

soli Deo gloria
2009년 2월
저자 주성일

# 목차

## 제1장 칼 바르트와 판넨베르크의 계시 이해 연구

# 제2장 칼 바르트(K. Barth)의 하나님 개념의 변천

## 제3장 몰트만(J. Moltmann) 신학의 구조와 특징들

## 제4장 몰트만(J. Moltmann)의 기독론

## 제5장　삼위일체에서의 성령의 인격(person)에 관한 연구

# 제 1 장

## 칼 바르트와 판넨베르크의 계시 이해 연구

# 들어가는 말: 신학에 있어서 계시의 중요성

기독교신학이 계시론적으로 구성되는 이유는 기독교신학이 증거하고 있는 하나님의 초월적인 성격에 근거한다. 하나님이 다만 인간의 역사 속에 내재해 계시기만 한다면 굳이 계시에 대하여 언급할 필요가 없을것이다. 그러나 기독교신학은 역사 속에 있는 인간과 그 역사를 품으시면서 초월하여 존재하시는 하나님의 관계맺음이 하나님의 자기 알림, 즉 계시로만 가능하다는 기초적인 신앙고백 위에 놓여 있기 때문에 계시에 대해서 말하지 않을 수 없는 것이다. 그런데 여기서 문제가 되는 것은 계시의 이해에 있어서 계시를 '하나님의 자기 알림'으로 정의하는 데에는 모두가 동의를 하고 있지만 계시의 내용과 방법에 있어서, 그리고 그 계시에 대한 인간의 인식의 방법에 대해서는 신학자들 사이에 이견(異見)이 존재한다는 사실이다.

칼 바르트(Karl Barth)는 '신학의 과제로서의 하나님의 말씀'이라는 글에서 신학자의 곤경을 다음과 같이 말한다. "우리는 신학자로서 하나님에 대해 말해야 한다. 그러나 우리는 인간이고 인간으로서는 하나님에 대해 말할 수 없다. 우리는 우리의 '해야 한다'와 '할 수 없다' 이 두 가지를 알아야 하고 바로 이것으로 하나님께

영광을 돌려야 한다."[1] 물론 이 말은 초기 바르트에게서 나온 것이지만 그의 전(全) 생애를 통해 관철되는 생각으로 보아도 지나치지 않을 것이다. 우리는 하나님의 계시를 어떻게 이해해야 하는가? 이하의 글에서는 우리가 들어야 하는 오직 단 하나의 하나님의 말씀인 예수 그리스도로부터 시작하는 칼 바르트의 계시 이해와 역사로서의 계시를 주장하는 판넨베르크의 계시 이해를 비교 분석해보고자 한다.

# Ⅰ. 칼 바르트(Karl Barth)의 계시 이해

## 1. 하나님 인식의 가능성

어떻게 우리는 하나님을 알 수 있는가? 결론부터 얘기하자면 우리는 하나님을 알 수 없다. 그리고 우리 스스로가 하나님 인식에 도달하려고 하는 한 우리는 항상 우리들 자신의 반영으로서의 하나님의 이미지만을 만들게 될 뿐이다. 그러므로 "우리의 하나님 인식의 시작은 우리가 하나님에게 참여하는(machen mit) 그러한 시작이 아니다. 그것은 오직 하나님이 우리에게 참여하실(machen mit) 때에만 가능할 수 있는 것이다."(KD Ⅱ/1 213(CD Ⅱ/1 190)) 하나님은 하나님에 대한 우리의 지식의 전제가 되신다. 그리고 우

---

1) Karl Barth, "신학의 과제로서의 하나님의 말씀", 김명용 역, 『말씀과 신학(칼 바르트 논문집 Ⅰ)』(서울: 대한기독교서회, 1995), p.93.

리는 하나님 인식 안에 우리 자신의 지식을 집어넣을 수 없으며 우리 자신을 그 안에 전제할 수 없다. 하나님이 하나님 인식의 전제가 되시는 이러한 방식 안에서만 우리의 신앙의 지식은 하나님 자신과 관계를 맺을 수 있게 되는 것이다.

하나님에 대한 진정한 지식이 가능하고 실현될 수 있는 것은 순전히 하나님의 은혜에 기인한다. 우리가 하나님을 알 수 있다는 것 자체가 이미 은혜이다. 하나님이 우리와 함께 말씀하신다는 것 자체가 이미 은혜인 것이다. 바르트는 바로 이 지점에서 신학은 종교개혁자들이 말한 은혜의 지식을 넘어가서는 안 된다고 말한다. 우리의 하나님 인식은 전적으로 하나님의 자유로운 은혜에 빚지고 있는 것이다. 만약 하나님이 은혜로우신 분이 아니시라면 우리는 전혀 하나님을 다룰 수 없을 뿐더러 하나님을 알지도 못할 것이다.

우리는 우리의 하나님 인식에 어떠한 인간적인 전제도 가져올 수 없다. 인간 안에 하나님을 알 수 있는 능력이 있다는 주장은 계시 앞에서 눈 녹듯이 사라져 버리고 만다. 우리는 오직 우리가 알 수 있도록 자신을 우리에게 내어 주시는 하나님의 은혜 안에서만 하나님을 알 수 있을 뿐이다. 이처럼 우리의 하나님 인식은 하나님의 선행적 은사(gift)에 의존되어 있다. 참된 하나님 인식은 하나님께서 알려지도록 자신을 내어놓는 선행하는 은사 위에 놓여 있는 것이다. 그래서 이것을 '신적 은사(göttliches Geschenk)'(KD Ⅱ/1 220(196))라 부른다. 하나님 인식은 우리가 주도권을 잡는 식으로 변형되지 않는다. 진정한 하나님 인식은 우리가 하나님에게 참여할(machen mit) 때가 아니라 하나님께서 우리에게 참여하실 (machen mit) 때 시작된다.

## 2. 신학의 대상(object)으로서의 하나님

앞서 '들어가는 말'에서 언급한 대로 인간은 하나님에 대해 말해야 함에도 불구하고 인간이기 때문에 그 한계로 말미암아 하나님에 대해 말할 수 없는 곤경에 처해 있다. 이러한 이원론 안에서는 인간이 하나님에 대해 말한다는 것은 불가능하다. 인간이 하나님에 대해 말할 수 없다면 어떻게 신학이 가능한가? 이 문제의 해결은 하나님께서 신학의 대상으로 자신을 인간에게 내어 주실 때에만 가능하게 된다. 신학이 가능한 이유는 하나님께서 당신 자신을 대상으로 만들어 우리에게 보여 주셨기 때문이다. 그것이 바로 예수 그리스도이다. 그렇다면 예수님이 하나님이라는 사실을 우리는 어떻게 확신할 수 있는가? 바르트에 의하면 예수님의 부활이 바로 예수님의 하나님 됨을 증명하는 사건이다. "만약 기독교적이고 신학적인 공리(axiom)가 있다면, 그것은 바로 예수 그리스도가 부활하셨다는 것이다. 그는 진실로 부활하셨다."(KD Ⅳ/3 47(44)) "우리에게 선포되었고 성령의 밝혀 주시는 능력 안에서 우리에 의해 계속해서 반복되는 성경의 증언의 중심 되는 선언은 예수 그리스도 안에 있는 하나님의 계시라는 이 사건이다."(KD Ⅳ/1 332(301))

그리스도 안에 하나님이 계셨다. "십자가에 달리시고 부활하신 주님은 우리가 들어야 할 단 하나의 하나님의 말씀이고, 우리의 삶과 죽음 속에서 우리가 신뢰하고 순종해야 할 단 하나의 하나님의 말씀이다."(KD Ⅳ/1 382(346)) 하나님이 인간이 되신 사건이 바로 신학이 출발할 수 있는 자리이다. 예수 그리스도가 바로 하나님의 계시이다. 우리는 하나님의 계시를 어디서 발견할 수 있는가?

오직 예수 그리스도에게서 발견할 수 있는 것이다. 그러므로 그리스도의 공동체는 예수 그리스도 외의 다른 말씀을 전혀 고려해서는 안 된다. 이 말씀 이전이나 이후에 또는 이 말씀과 나란히 또는 그 밖에 하나님께서 말씀하신 다른 말씀은 없다. 하나님은 이 말씀을 통해 선포되시기를 원하셨고 또 원하신다. 이 말씀 속에서 우리는 모든 하나님의 위로와 명령과 능력의 말씀을 듣는다. 이 말씀을 통해 창조세계와 세계의 과정과 인간의 본성과 하나님의 위대하심과 하나님 나라의 약속을 해석한다. 또한 이 말씀 외에 다른 말씀을 규범적인 것으로 받아들일 필요가 없다. 왜냐하면 다른 소리들도 바로 이 말씀에 의존하고 있기 때문이다. 이 말씀을 알고자 노력하는 한 다른 소리들도 자유롭게 그리고 불안해하지 않으면서 들을 수 있고 또 들어도 된다. 그러나 항상 되돌아와서 이 진실되고 원천적인 말씀을 먼저 그리고 우선적으로 들으려고 해야 한다.

## 3. 하나님 말씀의 삼중성

바르트에 의하면 예수님은 우리가 들어야 할 단 하나의 하나님의 말씀이다. 그런데 성경이 이 말씀에 대한 증언을 담지하고 있다. 그러므로 성경은 하나님께서 그것을 통해 자신을 계시하시기 때문에 하나님의 말씀이 된다. 그리고 이 말씀은 교회의 증언을 통해 계속적으로 선포된다. 예수 그리스도가 살아계시고 현존하시기 때문에 과거의 계시가 성서를 따라서 교회 안에서 현재 발생하는 계시로서 선포된다. 여기서 우리는 바르트의 하나님의 말씀의 삼중적 형태 — 예수님, 성경, 교회의 선포 — 의 교리를 듣게 된다.

## 4. 자연신학에 대한 거절

### 1) 에밀 브룬너(Emil Brunner)의 『*Natur und Gnade*』

1934년 브룬너는 자연신학을 내용으로 하는 『*Natur und Gnade*』라는 논문을 발표하였다. 이에 대해 바르트는 브룬너의 논문에 대한 답변으로 자연신학의 문제점을 내용으로 하는 『*Nein*』이라는 논문을 발표하면서 이 둘 사이의 자연신학 논쟁이 발생하게 되었다.

브룬너는 먼저 바르트의 견해를 여섯 가지로 정리하고 이에 대해 하나씩 반박해 나간다. 브룬너가 정리한 바르트의 견해 여섯 가지는 다음과 같다.[2]

(1) 사람은 죄인이고 단지 은혜로만 구원을 받을 수 있기 때문에 창조 당시의 하나님의 형상은 완전히 남김 없이 사라졌다.

(2) 성서의 계시만이 하나님을 아는 길이고 구원의 길이다. 그러므로 자연이나 양심이나 역사 속에 하나님의 일반계시를 주장하려는 시도는 철저히 배척한다. 일반계시와 특별계시라는 두 가지 종류의 계시가 있다고 볼 수 없다. 오직 그리스도 예수 안에 유일하고 완전한 계시만이 있을 따름이다.

(3) 이 세상을 창조하면서부터 현재 우리의 삶에 이르기까지 우리에게 분

---

2) John Baillie, ed., *Natural Theology*, 김동건 역, 『자연신학』(서울: 한국장로교출판사, 1997), pp.27 – 28.

명히 나타나서 일하고 있는 창조와 보존의 은혜라는 것은 없다. 만일 있다면 우리는 둘 또는 세 가지의 은혜를 인정해야 한다. 이때 그리스도의 은혜가 유일하다는 것과 모순이 생겨난다.

(4) 피조물의 보존에 관한 하나님의 법칙이 따로 있어서 우리가 그것을 알게 되고 우리 행동의 기준이 될 수 있는 하나님의 뜻을 찾을 수 있다고 볼 수 없다. 이런 종류의 자연법(*lex naturae*)이 피조물로부터 도출되어 기독교 신학에 도입되는 것은 불경한 것이며 이교적 사고일 뿐이다.

(5) 하나님의 구원의 역사에 접촉점이 있다는 말은 부당한 것이다. 이 말은 그리스도의 유일한 구원의 역사, 즉 성서와 종교개혁 신학의 핵심에 위배된다.

(6) 새로운 창조는 옛것을 다시 만들어 완성시키는 것이 아니다. 단지 옛것을 철저히 파괴함으로써 새것으로 대치되는 것이다. "은총은 자연을 배제하는 것이 아니라 자연을 완성한다."라는 말은 틀린 말이며, 가장 무서운 이단이다.

**(1) 하나님의 형상에 대하여:**[3] 브룬너는 먼저 하나님의 형상에 대해 말한다. 브룬너는 하나님의 형상을 '형식적인(formal) 하나님의 형상'과 '실질적인(material) 하나님의 형상'으로 나눈다. 이 가운데 인간은 죄로 인해 실질적인 하나님의 형상은 잃어버렸지만 형식적인 하나님의 형상에는 변화가 없다. 형식적이라는 말은 다른 피조물과 구별되는 인간을 뜻하는 말이다. 이는 인간이 다른 피조물보다 우월하다는 것을 뜻하는 것이다. 하나님의 형상을 지닌 자로서의 인간의 소명과 역할은 죄 때문에 소멸되는 것이 아니다. 인간은 아무리 죄인이라 할지라도 다른 피조물과는 비교도 할 수 없는 장점을 지녔으며 그것은 하나님과 공유하는 것이다. 인격의

---

3) Ibid., p.29.

내용은 죄 때문에 사라졌지만 인격의 형식은 죄인이라 할지라도 인간이 가진 인간성을 이루고 있다.

**(2) 일반계시에 대하여:**[4] 작품을 통해 작가를 알아볼 수 있듯이 모든 피조물에게서 창조자의 영을 어떤 방법으로든지 느낄 수 있다. 피조물을 통해 하나님을 찬양하는 것은 초대부터 이어져 온 기독교 예배의 일부분이다. 성서를 통한 계시의 중요성을 강조하기 위해 피조물 속의 계시를 인정하지 않는 것은 비뚤어진 충성심이다. 하나님은 어떤 일을 하실 때 그 본성의 흔적을 자신의 일에 남기신다. 따라서 이 세상의 창조는 하나님의 계시이며, 자기 현현이기도 하다. 인간의 죄로 인해 피조물 속에서 하나님을 느낄 수 있는 능력이 파괴되었을 뿐이지 피조세계 안에 하나님의 계시가 나타나지 않는 것은 아니다. 양심, 책임성, 하나님의 율법을 아는 것 등도 일반계시인 것이다.

**(3) 보존의 은혜에 대하여:**[5] 하나님은 창조주이시기에 자신의 피조세계를 보존하신다. 하나님께서 자신의 타락한 피조물들에게 임하시는 것이 그의 '보존의 은혜(preserving grace)'이다. 보존의 은혜는 죄를 없애지는 못하지만 죄의 고통스런 결과는 없앤다. 보존의 은혜란 하나님께서 피조물의 타락에도 불구하고 창조 당시의 은혜를 모두 걷어 가지는 않았다는 것을 의미한다. 물론 그리스도 안의 계시가 밝혀 줄 때 보존의 은혜를 제대로 볼 수 있다. 그리스

---

4) Ibid., p.31.
5) Ibid., p.34.

도인들은 하나님의 보존의 은혜에 감사해야 한다. 하나님은 선인(善人)과 악인(惡人) 모두에게 햇빛과 비를 주시며, 생명과 건강, 모든 삶과 물질을 주신다. 이러한 보존의 은혜를 '일반은총(general grace)'이라고도 부른다. 그리스도의 신앙 안에서 하나님의 구원의 은혜를 알기 전부터 우리는 이러한 하나님의 보존의 은혜 속에서 살아왔던 것이다.

(4) 자연법에 대하여:[6] 역사적, 사회적 삶 속에서 윤리적 문제의 핵심을 이루는 모든 규례들과 결혼, 국가에 관한 규례들 모두 하나님의 보존의 은혜 속에 속하는 것이다. 결혼은 하나님을 모르는 사람들 중에도 실현되는 것이므로 창조주의 자연적인 규례라 할 수 있다. 중요한 점은 오직 신앙 안에서만 규례의 중요성을 완벽하게 이해할 수 있으며, 따라서 신앙 안에서만 규례를 제정하신 분의 의지에 따라 그것을 실현해 나갈 수 있다는 것이다. 자연법은 구원이나 교회의 영역에 속한 것은 아니다. 그러나 하나님의 보존의 은혜에 힘입어 수행되는 것이다.

(5) 계시의 접촉점(the point of contact)에 대하여:[7] 하나님과 인간의 접촉점은 다름 아닌 형식적인 하나님의 형상이다. 이것은 죄인들도 잃어버리지 않은 것으로서 책임성을 지닌 인격을 의미한다. 죄도 인간이 하나님의 말씀을 수용할 수 있다는 사실을 없애지는 못한다. 여기서 말하는 인간이 가진 수용능력이란 하나님

---

6) Ibid., p.35.
7) Ibid., p.37.

의 말씀을 받아들이는가 아닌가를 말하는 것이 아니다. 이것은 순전히 하나님께서 인간에게 말씀하실 수 있는 형식적인 가능성을 뜻하는 것일 뿐이다. 이것이 없다면 하나님과 인간이 어떻게 만날 수 있겠는가? 인간은 무엇이 죄인가를 안다. 인간 스스로 죄를 안다는 것은 거룩한 은혜의 말씀을 이해하는 데 필요한 전제조건이 된다. 오직 하나님의 은혜로 죄를 알게 된다고 말해서는 안 된다. 자신의 죄를 아는 사람만이 하나님의 은혜를 깨달을 수 있다. 만일 자신의 죄를 알지 못한다면 그는 인간이 아니다.[8] 죄를 깨닫는 것이 하나님의 은혜인가, 아니면 자연스러운 것인가? 여기서 브룬너와 바르트의 차이가 생기는 것이다.

브룬너는 인간에게 실질적인 하나님의 형상은 남아 있지 않다고 말한다. 즉 하나님과 인간 사이에 존재의 유비는 없다고 말하는 것이다. 그럼에도 불구하고 인간이 하나님과 만나기 위해서는 접촉점, 즉 말씀의 수용능력이 있어야 한다고 말한다. "인간은 결코 말씀의 수용능력을 잃지 않았다. 하나님에 관해서 완전히 잊어버린 사람에게 하나님의 말씀은 다가갈 수 없다. 말씀의 수용능력은 반드시 필요하며 없어서는 안 되는 하나님의 은혜와의 접촉점이 된다."[9]

**(6) 인간의 자의식과 주체성은 신앙에 의해 파괴되지 않는다:** 인격이신 하나님은 인간을 인격적으로 만나신다.[10]

---

8) Ibid., p.38.
9) Ibid., pp.38 – 39.
10) Ibid., p.39.

브룬너는 이어서 칼뱅에게 기대어 자신의 자연신학을 옹호하려고 한다. 자연의 개념이 신학적으로 중요한 이유는 자연을 통해서 하나님을 알 수 있다는 사실 때문이다. 하나님은 하나님이 창조하신 세계 안에서 하나님을 알고 존경해야 한다고 요청하신다. 자연 계시는 성서의 도움으로 명확해지며 완성된다. 성서의 계시가 자연의 계시를 불필요한 잉여물로 만들지 않는다. 오히려 그 반대이다. 성서를 통해서만 자연의 계시가 효과가 있으며 또 성서를 통해서만 우리가 그것에 다다를 수 있다.[11]

자연의 법도 성서의 법과 내용은 같지만 성서의 법은 자연의 법을 명료하게 알게 하는 데 필요하다. 칼뱅은 성서의 법이 자연의 법을 유효하게 만든다고 한다. 규례는 그리스도를 통해 창조 당시의 규례대로 새로이 조명되어야 한다.

칼뱅의 자연신학의 기본 개념은 하나님의 형상이다. 인간은 아직도 그리고 언제나 하나님의 형상을 가지고 있다. 물론 하나님의 형상은 그리스도를 통한 구원이 아니라면 회복될 수 없게 손상되고 망가졌다. 그럼에도 불구하고 인간은 하나님의 피조물 중 가장 영광스럽다. 하나님이 창조하시고, 죄 속에서도 완전히 사라지지 않은 인간의 본성 속에는 창조주의 의지가 계속 드러나고 있다. 바로 그 하나님의 형상의 나머지(일부)가 인간을 다른 피조물과 구별 짓고 그들 모두보다 인간을 고귀하게 만드는 것이다. 자연에서 얻어진 하나님에 관한 지식은 인간이 성서 혹은 예수 그리스도를 통한 계시의 힘을 빌리지 않고서도 알 수 있는 지식인 것이다.[12]

---

11) Ibid., p.45.
12) Ibid., p.49.

브룬너는 칼뱅의 윤리학이 죄인에게 남아 있는 하나님의 형상을 토대로 하고 있다고 말한다.[13] 죄인이기는 하지만 인간은 하나님의 형상이다. 그러므로 그의 삶은 존중되어야 하는 것이다. 물론 진정한 자연윤리는 자연신학과 마찬가지로 오직 그리스도 안에서만 완벽하게 되는 것이다. 결혼과 국가에 대한 칼뱅의 입장은 모두 자연신학에서 유추한 것이다.

브룬너에 의하면, 종교개혁자들은 자연에 대한 어떠한 진술도 그리스도를 염두에 두지 않고서는 말하지 않았다. 종교개혁자들에게 있어서 그리스도의 계시의 빛은 자연의 근본을 드러내기 위해 자연에 비춰져야 하는 것이었다.

브룬너는 자신의 글 후반부에서 교회의 임무는 메시지 선포라고 말하면서 그것을 위해서도 하나님과 인간 사이의 접촉점이 필요하다고 역설한다. 브룬너에 의하면 하나님의 말씀을 사람의 언어로 전달하는 이 의사소통이 가능한 이유는 하나님께서 인간을 하나님의 형상으로 만들었기 때문이다. 인간은 신(神)을 닮았다. 인간에게 파괴되지 않은 형식적인 유사성은 하나님의 말씀을 들을 수 있는 객관적 가능성, 접촉점이다. 교회의 선포가 아무리 옳은 내용이라 할지라도 이해할 수 있는 것이 아니라면 그것은 무용지물(無用之物)이다. 목회자가 옳은 내용을 제대로 전달하지 못했다면 그는 '내용'으로는 천국에 갈 수 있을지 몰라도 '방법'으로는 지옥에 갈 수 있다. 방법의 문제를 무시하는 것은 신학의 지성주의의 결과이다. 내용은 신앙으로 보호하되 방법은 사랑으로 둘러싸야 한다. 그러므로 방법의 결여, 또 그에 따른 사랑이 부족한 곳에서는 못 알

---

13) Ibid., p.49.

아듣기 때문에 신앙 역시 부족되기 마련이다.[14]

## 2) 칼 바르트(Karl Barth)의 『Nein』

"하나님은 말씀하시고 인간은 듣는다." 그런데 '유한은 무한을 수용할 수 없고(*finitum non capax infiniti*)', 죄인 된 인간은 하나님의 말씀을 받을 수 없는데, 어떻게 유한한 인간이 무한한 하나님의 말씀을 받는 것이 가능할 수 있는가? 바르트는 이것이 믿음(신앙)으로 가능하다고 하였다. 종교개혁자들은 이 신앙을 성령의 선물이라 하였다. 그렇다면 하나님의 선물인 신앙을 받음에 있어서 인간의 역할은 무엇인가? 어느 정도 역할이 있는가, 아니면 전적으로 하나님의 은혜인가? 만약 인간의 전적 무능을 말하게 되면 거기에는 오직 하나님의 절대적인 은총과 주권만이 있을 뿐이다. 바르트는 바로 이것을 주장하고 있는 것이다. 브룬너가 말하는 말씀의 수용능력, 계시의 수용능력, 하나님께서 말씀하시는 것을 들을 수 있는 가능성, 접촉점 등, 이런 것들이 인간에게 존재하지 않는다는 것이다. 계시의 수용능력이란 인간이 계시를 통해 주어지는 은혜와 더불어 일할 수 있다는 생각이다. 바르트는 여기에 반대를 하는 것이다.[15]

바르트에 의하면 인간 안에 하나님의 은총에 대한 접촉점이 될 수 있는 요소란 존재하지 않는다. 아담이 죄를 범하였을 때 하나님의 형상은 완전히 상실되고 파괴되었다. 바르트는 하나님의 구원

---

14) Ibid., pp.63 – 65.

15) Ibid., pp.90 – 91.

의 행위에 있어서 접촉점은 필요 없다고 본다. 왜냐하면 성령은 어떤 접촉점도 필요로 하지 않으며 친히 접촉점이 되시기 때문이다. 만약 접촉점이 있다면 그것은 오직 모든 사람들 가운데 우리와 같은 인간 예수님이 계시다는 것이고, 바로 그분만이 진정한 접촉점이 될 수 있다.

바르트는 오직 성서와 오직 은혜를 강조하는 가운데 창조주가 은혜의 사역을 수행하기 위해 사용하는 인간의 행위는 없다고 말한다.[16] 인간에게는 하나님을 알 만한 것이 조금도 없다. 인간이 하나님을 알고 만난다는 것은 하나의 사건이요, 있을 수 없는 일이 생긴 것이다. 바르트는 계시의 도움 없이 하나님을 알 수 있다는 것에 반대한다. 바르트는 계속해서 오직 은혜, 오직 성서, 오직 믿음을 강조하면서 인간 편에서의 어떠한 역할도 반대한다.

바르트는 칼뱅에 기대어 자신의 주장을 펼친 브룬너에 대해 경악을 금치 못한다. "브룬너의 글에는 많은 놀라운 점들이 있지만 가장 놀라운 것은 그가 감히 칼뱅이라는 인물을 등장시켰다는 것이다."[17] 그런 가운데 칼뱅에 대한 자신의 견해를 밝힌다.

(1) 칼뱅은 성경 외에 계시의 근원은 없으며, 그의 신학이 원칙적으로 성경의 해석일 뿐 인류학이나 역사철학이나 자연의 연구가 아니라는 것을 부정할 수 없다.[18]

(2) 자연인이 창조에서 참 하나님을 제대로 알 수 있는 가능성은 칼뱅에 따르면 원칙에 있어서의 가능성일 뿐이지 사실상 우리가 실현할 수

---

16) Ibid., p.96.
17) Ibid., p.112.
18) Ibid., p.118.

있는 가능성은 아니다.[19]

(3) 접촉점에 대한 주장과 거룩한 계시의 가능성은 아무런 관계도 없고, 공통점도 없으며, 따라서 전혀 내적인 연관이 없다.[20]

(4) 칼뱅은 윤리적 선에 관한 지식이 인간의 능력에 의해서 얻어진다는 것을 명백히 부정했다. 칼뱅은 구원을 받은 자들에게서조차 윤리적 선은 매일 새롭게 되는 은혜라고 설명했다.[21]

(5) 칼뱅은 그리스도 안에서 알 수 있는 하나님 안에, 창조 속에 있는 진정한 하나님도 포함되어 있다고 말했다.[22] 포함되어 있는 것이지 브룬너처럼 계시 속의 하나님과 창조 속의 하나님을 분리시켜서 독립적으로 생각해서는 안 되는 것이다.

바르트는 브룬너가 칼뱅을 잘못 해석했다고 비판한다. "브룬너는 칼뱅이 하나님에 관한 자연적 지식을 말할 때 항상 어떤 제한 속에 있었다는 사실을 간과하고 말았다. 그 제한은 '아담이 만약 타락하지 않았다면' 하는 것이다."[23]

자연신학에 대한 자신의 관심은 교의학적인 것이 아니라 방법론적인 것이라는 브룬너의 말에도 불구하고, 바르트는 자연신학의 실재뿐만 아니라 가능성까지도 거부하면서 자신의 글을 마친다. "자연신학은 바로 처음부터 거부되어야 한다. 단지 적그리스도의 신학과 교회만이 자연신학으로부터 이득을 본다. 복음적 교회와 복음적 신학은 자연신학에 의해 병들고 죽게 될 뿐이다."[24] 바르트와 브

---

19) Ibid., p.118.
20) Ibid., p.119.
21) Ibid., p.120.
22) Ibid., p.120.
23) Ibid., p.121.
24) Ibid., p.141.

룬너 사이의 자연신학 논쟁의 핵심은 은총에 대한 접촉점의 문제로서 인간 속에 있는 하나님의 형상에 대한 해석에 있었다. 이 논쟁에서 바르트는 자연신학의 어떠한 가능성도 거부한 것이다.

개혁신학은 대체로 자연신학을 인정한다. 문제는 개혁신학 내에서의 자연신학의 위치와 역할이다. 자연신학은 인간이 하나님에 대한 무지를 핑계치 못하게 하는 기능과 교회가 그리스도를 변증하는 기능을 가지고 있다. 그럼에도 불구하고 자연신학 자체에는 구원에 이르게 하지 못하는 한계가 존재한다. 바울은 로마서 1장 19 - 20절에서 "이는 하나님을 알 만한 것이 그들 속에 보임이라. 하나님께서 이를 그들에게 보이셨느니라. 창세로부터 그의 보이지 아니하는 것들 곧 그의 영원하신 능력과 신성이 그가 만드신 만물에 분명히 보여 알려졌나니 그러므로 그들이 핑계하지 못할지니라."라고 말함으로써 자연신학의 기능을 밝히고 있다. 또한 바울은 자연신학과 계시신학을 구별하고 있다. 어떤 형태의 자연신학도 그리스도에게로 인도할 수 있는 것은 없다. 다만 기독교의 복음을 전하는 도구로 사용될 수 있을 뿐이다. 바르트가 브룬너의 『*Natur und Gnade*』를 너무 극단적으로 비판한 것에 대해서는 평가가 뒤따라야겠지만 바르트 당시의 분위기 속에서 바르트를 이해해야 할 것이다. 1933년 히틀러가 이끄는 나치당이 독일공화국을 지배하게 되어 히틀러가 재상에 취임하자 나치스는 독일 국수주의를 주창하였다. 동시에 독일 민족의 우월성을 주장하기 위해 독일 민족의 신화를 만들어 독일 민족의 신적 기원을 주장했다. 이러한 독일 민족의 신성의 강조 위에 독일적 기독교 신앙운동을 전개하였다. 바로 이러한 나치스의 철학적, 종교적 배경을 이루고 있던 신화의 근거가 자연신학이었다. 그런데 그때 바로 브룬너가 『Natur und Gnade』라는 책을 출판한 것이다. 히틀러 집권 초기부터 그 속에 숨은 신학적 악(惡)을 간파하고 대(對) 나치 투쟁을 벌이고 있던 바르트는 분노를 누를 길 없어 브룬너의 자연신학에 거부를 선언한 것이다.[25]

## Ⅱ. 판넨베르크(W. Pannenberg)의 계시 이해

판넨베르크에 관한 논문이나 책을 보면 등장하는 인용문이 하나 있는데 그것은 판넨베르크가 1959년 1월 5일 부퍼탈에서 열린 베델과 부퍼탈의 신학교 교수들의 모임에서 행한 강연, '구원의 사건과 역사(Heilsgeschehen und Geschichte)'의 첫 머리말이다. 그 논문은 다음과 같이 시작한다.

> 역사는 기독교 신학의 가장 포괄적인 지평이다. 모든 신학적 질문들과 답변들은 하나님이 인간과 교류하시고 인간을 통해 자신의 피조물 전체와 교류하시는 역사, 세상에게는 여전히 숨겨져 있지만 예수 그리스도 안에서는 이미 계시된 미래를 향해 나아가는 역사의 틀 안에서만 의미가 있다.[26]

---

25) 이후 바르트는 1956년 '하나님의 인간성(Die Menschlichkeit Gottes)' 이라는 강연을 통해 자신의 계시이해에 변화를 가져온다. 이에 대해서는 본서의 제2장을 참고하기 바란다.

26) W. Pannenberg, "Redemptive Event and History", *Basic Questions in Theology*, vol.1. p.15.

이 문장은 판넨베르크의 신학을 짧지만 가장 잘 나타낸 문장 중의 하나라 여겨진다. 판넨베르크의 신학을 소위 '역사(보편사)신학'이라 말한다.[27] 이는 판넨베르크가 계시를 자연계시와 특별계시로 나누는 기존의 전통적인 기독교 계시론을 거부하고 역사(보편사)에서 하나님의 계시를 보려했기 때문에 붙여진 이름이다.

판넨베르크가 왜 그토록 역사를 기독교의 계시의 지평으로 끌어안으려 했는지를 이해하기 위해서는 먼저 그의 신학함의 이유를 알아야 한다. 판넨베르크는 기독교가 세상 속에서 하나의 종파(sect)로, 이천 년 전이나 지금이나 똑같은 고리타분한 소리를 해대는 집단으로 고립되어 가는 현실을 안타까이 바라보며 그의 신학을 하고 있는 것이다. 과거 모든 길이 로마로 통한 것처럼, 계몽주의 이전의 세상의 모든 정치, 경제, 문화, 사상은 기독교를 빼놓고는 말할 수 없는 상황이었다. 그러나 지금은 과거의 그런 상황이 아니게 되었다. 이제 기독교는 세상 사람들의 관심 밖으로 밀려나 더 이상 세상을 향해 의미 있는, 세상이 들으려고 하는 목소리를 낼 수 없게 된 것이다. 단지 기독교는 인간의 영혼의 영역에서만 자신의 남은 힘을 과시하며 힘겹게 그 명맥을 유지할 뿐이다. 사람들은 이제 모든 삶의 문제의 해결을 기독교에서 찾지 아니한다. 기독교는 이제 세상에 대한 그 영향력에 있어서 주변으로 밀려나 구석으로 쫓겨난 한물간 종교처럼 여겨지고 있는 것이다.

이러한 사실은 비단 비기독교인들에게만 해당되는 문제가 아니

---

27) 칼 바르트의 신학은 '하나님의 말씀의 신학', 루돌프 불트만의 신학은 '실존주의 신학', 오스카 쿨만의 신학은 '구원사 신학'인데 반해 판넨베르크의 신학은 '보편사 신학'이다. 김명용, "판넨베르그의 생애와 사상", 『기독교사상』(1988년 9월, 32권 9호), p.157.

다. 기독교인들조차도 이중적인 정신구조를 가지고 이 세상을 살아가고 있다. 교회에서의 의식구조와 세상에서의 의식구조가 다르다. 기독교의 진리가 신자들의 삶에 영향을 미치지 못하고 있는 실정이다. 신자들도 세상의 문제는 세상의 방식대로, 세상의 지식으로 해결하려고 하지 신앙으로 해결하려 하지 않는다. 이제 기독교는 신자들에게조차 그 영향력을 상실해 가고 있는 것이 아닌가 하는 생각이 들 정도이다. 아니 세상에 대해 대안을 제시해야 할 기독교가 그 영역을 스스로 포기하고 있는 것은 아닌가 하는 생각마저 들게 하는 것이다.

이러한 세상으로부터의 기독교의 소외를 판넨베르크는 더 이상 볼 수가 없었던 것이다. 그는 우주의 주인이시고 역사의 주인이신 하나님께서 인간들의 자기착각 때문에 역사 밖으로 밀려나는 것을 더 이상 볼 수가 없었던 것이다. 하나님께서 역사의 주인이라는 신앙고백이 판넨베르크의 역사의 신학을 이해하는 열쇠이다. 우리는 판넨베르크의 역사신학을 바르트의 말씀의 신학, 불트만의 실존주의 신학과 반대되는 것으로 보기보다는 오히려 그 모든 것을 포함하는 동시에 말씀의 신학과 실존주의 신학이 놓치고 있는 역사를 되찾고자 하는 하나의 노력으로 보아야 할 것이다. 기독교인들만의 하나님이 아닌, 전(全) 인류, 아니 전(全) 우주의 하나님의 자리를 찾아드리려는 것이 판넨베르크의 의도요, 그의 신학의 과제인 것이다.

## 1. 판넨베르크의 '역사로서의 계시(Offenbarung als Geschichte)'

### 1) 신학의 학문성으로서의 역사와 이성

판넨베르크는 근본적으로 기독교의 진리가 특별한 사람들에게만 이해될 수 있는 신비가 아니라 모든 사람들에게 이해 가능한 보편적 역사의 현실로 증거되어야만 한다고 생각한다. 이를 위해 판넨베르크는 '신학의 보편적 학문성'을 주장한다. 신학이 학문의 보편성을 유지하려면 첫째, 그 학문이 대상으로 하는 주제가 보편적이어야 한다. 신학이 그 대상으로 하는 주제는 신(神)이다. 그런데 기독교신학은 계시에 기초한 것이기 때문에 인간은 하나님께서 자기자신을 나타내 보여 주는 것만큼만 하나님을 알 수 있다. 하나님은 대상인 동시에 주체인 것이다. 그렇다면 여기서 신학이 학문적인 보편성을 갖추기 위해서는 계시가 보편적이어야 한다는 결론에 도달하게 된다. 여기서 우리는 계시에 대한 새로운 이해를 요청받게 된다. 기존의 계시에 대한 이해로는 신학은 보편적인 학문성을 가질 수 없다. 계시가 모든 사람에게 보편적인 성격을 가지고 있지 못하기 때문이다. 그렇다면 모든 사람들에게 보편적인 성격을 가지는 계시란 무엇인가? 이 지점에서 판넨베르크는 역사로서의 계시를 주장하고 있는 것이다. 판넨베르크가 여기서 말하는 역사란 창조에서 종말까지의 전체로서의 보편사를 가리키는 것이지 세속사와 구원사를 분리하여 말하는 이원론적인 역사개념이 아니다.

둘째로, 신학이 학문의 보편성을 가지려면 그 인식론도 보편적이어야 한다. 즉 학문적 이론에 근거해야 하는 것이다. 이성적인 차원에서 검증 가능하고 이해 가능해야 하는 것이다. 이를 위해 판넨베르크는 기독교의 진리성 자체에 대한 논의부터 시작한다. 판넨베르크는 이성을 통해 보다 확실한 이해에 도달했을 때 거기서 기독교의 참된 신앙이 발생한다고 생각한다. 역사로서의 계시는 신앙에 앞서며 역사로서의 계시에 대한 반응으로서의 신앙을 이끌어 낸다.[28] 판넨베르크에 의하면 하나님께서 자신의 행위를 통해서 계시하신다고 할 때 그 계시는 비밀스럽거나 신비한 사건이 아니라 확연한 사실들이다. 진리가 이미 모든 사람들의 시야에 들어와 있고 그것의 확증 또한 비밀스러운 것이 아니라 자연적인 것이라 할 때, 진리이해를 위해서 요청되는 유일한 가능성은 '이성적인 작업'이라 할 수 있다. 기독교가 초월적인 성격을 가지고 있는 것은 사실이지만 그것을 논하는 과정만은 타당한 인식론에 근거해야 한다는 것이다.

'이성'과 함께 판넨베르크의 인식론을 이끌어 가는 또 하나의 중요한 기준은 '종말'이다. 판넨베르크는 묵시문학적 종말론에 근거하여 하나님의 종국적인 계시는 하나님 자신의 주권이 실제로 드러나는 것과 관련되어 있다고 보기 때문에 하나님의 계시는 미래에 의해 근거를 갖게 된다고 말하고 있다. 인간이 현재적으로 경험하고 있는 이 세계의 현실은 아직 완전하게 그 진리성을 드러내지 못하고 있음이 사실이며, 이런 면에서 볼 때 모든 인간의 인식과 이해와 해석은 잠정적인 성격을 가졌다고 할 수밖에 없다. 이런 점에서 판넨베르크의 종말론적인 관점은 현재의 진리의 잠정적

---

28) Ted Peters, "Wolfhart Pannenberg", Donald W. Musser & Joseph L. Price ed., *A New Handbook of Christian Theologians*(Nashville: Abingdon Press, 1996), p.366.

인 성격을 종말적인 미래로 돌리려는 의도라 볼 수 있다.

이상에서 보듯이 기독교의 신앙의 내용인 종말론적인 희망을 이성적 인식론으로 설명하려는 것이 판넨베르크의 의도이다. 그에게 있어서 종말은 신학의 내용이며, 이성은 신학의 내용을 전달하는 도구라 볼 수 있다. 이처럼 종말을 이성적으로 해석하려는 시도가 판넨베르크의 해석학이 담고 있는 기본 원리이며, 또한 이성과 종말이야말로 그가 모든 기독교 진리를 역사신학적으로 해석하고 있는 가장 핵심적인 두 축이다.

판넨베르크가 말하는 하나님의 계시는 하나의 초자연적이고 비합리적인 신적 사건이라기보다는 인간의 이성에 의해 합리적으로 논의되고 인식될 수 있는 사건으로서 인간과 세계, 그리고 역사를 종말론적으로 규정하는 하나님의 자기 알림이다. 특히 그의 해석학적인 구도로 볼 때, 계시는 당연히 이성과 종말의 원리와 연관 지어서 생각되어야 한다. 이러한 이성과 종말의 구도와 연관 지어져 이해되는 하나님과 그의 계시는 역사로서 드러나게 된다. 더 정확히 말해서 그것은 보편사이다. 하나님의 계시는 특정한 시기에, 특정한 사람들에게, 특정한 방법으로만 인식되도록 주어진 것이 아니다. 하나님의 계시는 역사(보편사)를 통전적으로, 거시적 관점으로 이해할 때만 인식될 수 있는 것이다. 하나님의 계시는 계속되는 것이다. 하나님의 계시는 말씀이나, 성경에만 국한되어 있는 것이 아니다. 계속되는 것은 역사밖에 없다. 그러므로 우리는 역사를 통해 계속해서 하나님의 계시를 인식해 나가야 한다. 그것도 신앙이 아닌 이성으로 말이다.

## 2) 하나님의 간접적인 자기계시로서의 역사(歷史)

판넨베르크는 『역사로서의 계시』(*Offenbarung als Geschichte*) 중에 있는 자신의 글 "계시교리에 관한 교의학적 주제"[29]에서 명제 1로 다음의 말을 하고 있다. "성서적 증언에서의 하나님의 자기계시는 신현현이라는 의미의 직접적 형태가 아니라 간접적 형태이며, 하나님의 역사행위에 의해서 발생한다." 판넨베르크에 의하면 역사와 하나님의 계시를 분리해서 생각하는 사고는 수정되어야 한다. 하나님은 이 세계를 초월하시는 분이시지만 하나님이 자신을 이 세상에 계시하신다는 것은 하나님께서 이 세상과 관계를 맺으신다는 것을 의미하는 것이다. 성경에 의하면 하나님께서는 역사 전체를 통하여 자신을 이 세계의 주(主)로, 창조자로 나타내신다. 하나님은 역사 안에서 행동으로 자신을 나타내신다. 구약성서가 증언하는 것은 하나님이 자신의 행위로 자신을 계시하신다는 사실이다. 그러나 이 하나님의 자기계시는 자신의 본질을 드러내는 것이 아니기 때문에 직접계시가 아닌 간접계시이다. 우리는 하나님의 행동으로 하

---

29) 판넨베르크가 제시한 "계시교리에 관한 교의학적 주제 7명제"는 다음과 같다.
  (1) 성서적 증언에서의 하나님의 자기계시는 신현현(theophany)이라는 의미의 직접적 형태가 아니라 간접적 형태이며, 하나님의 역사행위에 의해서 발생한다.
  (2) 계시는 계시되는 역사의 시작에서가 아니라 종말에 일어난다.
  (3) 역사의 계시는 볼 눈(이성)을 가진 자에게 열려 있는 보편적 성격을 가진다.
  (4) 이스라엘의 역사 안에서가 아니라 나사렛 예수의 숙명 속에서 모든 사건의 종국이 선취적으로 일어났던 한에 있어서 신성의 보편적 계시는 예수님의 사건 속에서 비로소 실현되었다.
  (5) 그리스도 사건은 고립된 사건으로서가 아니라 이스라엘 역사의 한 맥락으로서 이스라엘 신(神)의 신성(神性)을 계시한다.
  (6) 이방 기독교회의 비유대적 계시 개념의 형식에는 예수님이 당한 운명 안에 있는 하나님의 종말론적인 자기변호의 보편성이 구체적 표현으로 나타난다.
  (7) 말씀은 예고, 지시, 보고로서 계시에 관계한다. 계시사건 속의 말씀은 항상 전승사의 맥락 속에서 주어진다.

나님을 안다. 그리고 이 하나님의 행동은 역사 전체를 통해서 나타난다. 그러므로 우리가 하나님을 알기 위해서는 역사 전체를 보아야 한다. 보편역사가 바로 하나님의 계시의 영역인 것이다. 하나님의 이름과 말씀과 율법, 그 자체도 계시라 할 수 없다. 그것들이 계시가 되는 것은 그것들이 하나님의 행위를 통해 참으로 하나님의 계시로 증명되었기 때문이다.

그러나 우리는 여기서 하나님의 계시는 '역사상의 사건들'과 '하나님의 말씀' 둘 다를 포함한다고 보아야 한다. 판넨베르크의 말처럼 하나님의 말씀이 그의 행위를 통해 증명될 때 우리는 그 말씀을 하나님의 계시로 인정할 수 있게 된다. 그러나 그 반대의 경우도 성립된다. 즉 하나님의 말씀에 의해 역사적인 사건이 하나님의 계시로 드러나고 인정될 수 있다는 것이다. 하나님의 말씀으로서의 해석이 있기에 그 사건을 하나님의 계시로 받아들일 수 있게 된다는 것이다. 말씀의 해석이 없다면 그 사건을 통해 하나님께서 무엇을 나타내려 하시는지 우리는 알 수 없을 것이다. 하나님께서 행위를 통해 자신을 나타내신다는 것은 확실한 사실이다. 그러나 이와 병행하여 계시의 말씀도 우리는 인정해야 한다. 말씀과 행위는 같이 작용하는 것이다. 행위는 말씀을 증명하며, 말씀은 행위의 의미를 밝혀 주는 것이다. "주 여호와께서는 자기의 비밀을 그 종 선지자들에게 보이지 아니하시고는(말씀하지 아니하시고는) 결코 행하심이 없으시리라."(아모스 3:7)

### 3) 종말론적 하나님의 계시의 선취(先取)로서의 예수 그리스도

역사는 하나님께서 자신을 드러내시는 간접적 계시의 영역이다. 그런데 이 역사는 계속 진행되고 있다. 여기서 우리는 하나님의 계시 또한 역사와 함께 계속된다고 할 수 있다. 이런 논리로 나가게 되면 하나님의 종국적인 자기계시는 역사의 종말에나 가야 나타나게 될 것이다. 그 이전까지 우리는 온전한 하나님의 계시를 알지 못할 것이다. 판넨베르크는 이러한 사실을 두 번째 명제에서 다루고 있다. "계시는 시초부터 완전히 이해되지 않고 계시 역사의 종말에 이르러 완전히 이해된다." 하나님의 계시는 모든 사건의 종말, 곧 역사의 마지막에 일어날 것으로 기대되는 것이다.

그렇게 되면 한 가지 문제가 발생하게 된다. 역사로서의 계시 개념에 있어서 하나님의 계시는 총체적인 역사로만 온전히 드러나게 되고, 그러기에 역사의 종말에 가서야 그것이 온전히 드러난다는 것인데, 그렇다면 인간은 항상 불완전한 계시만을 소유하고 있는 것인가? 판넨베르크는 그렇지 않다고 말한다. 왜냐하면 하나님의 궁극적인 계시가 밝혀질 역사의 종말이 예수님에 의해서 선취되었기 때문이다. 판넨베르크는 명제 4에서 다음과 같이 말한다. "하나님의 신성의 보편적 계시는 이스라엘 역사 안에서는 아직 실현되지 않았고 나사렛 예수의 생애에서 비로소 실현되었다. 모든 사건의 종말은 그의 생애 안에서 예기(豫期)된다." 인간들에게는 아직 소망해야 할 미래의 사건들로 머물러 있는 종말적 사건들이 예수 그리스도에게 있어서는 이미 죽은 자들 가운데서의 부활을 통하여 선취(先取)된 것이다. 하나님의 간접적인 자기계시인 역사는 종말에 가서 온전한 계시를 드러내는 종말론적인 성격을 가지는데 이 종말론적인 하나님의 자기계시가 예수 사건 안에서 미리 앞당겨져서 발생했다는 것이다. 즉 마지막에 이르러서야 밝히 드러날 계시가 예수님을 통해 온전히 드러났다는 것이다. 하나님의 완전한 계시는 모든 사건들의 종국에 가서야 이루어질 것인데 이 종국이 예수님의 운명 속에서 그의 부활과 함께 미리 앞당겨 일어난 것이다. 그러므로 예수님은 하나님의 궁극적인 계시 그 자체이고, 계시의 완성이다.

이처럼 판넨베르크가 예수 사건을 역사의 종말론적 선취로 주장하는 근거는 무엇인가? 판넨베르크는 그 근거로 '예수님의 부활'을 들고 있다. 역사의 종말에 가서 발생할 부활이 예수님에게서 발생했다는 것이다. 판넨베르크는 묵시문학적으로 예수님의 부활과 종말론적 계시의 관계를 설명한다. 묵시문학에 의하면 하나님은 역사적 행동을 통해 자신을 계시하시되, 역사의 종국에 가서야 완전히 자기의 영광을 드러내실 것이다. 그때 역사를 결론짓기 위하여 죽은 자들을 일으키는 사건이 있을 것이다. 그런데 예수님에게서 그 부활의 사건이 일어났다. 이처럼 역사의 종말론적 사건이 예수님에게서 선취적으로 발생했다는 점에 있어서 예수님의 부활 사건은 종말론적 사건이며, 이런 의미에서 예수님이 하나님의 궁극적인 계시, 최후의 계시라 할 수 있다는 것이다.

이상을 요약하여 말하자면 다음과 같다. 본질상 자신을 계시하시는 하나님은 역사로서 자신을 계시하신다. 이 역사로서의 하나님의 계시는 자신의 본질을 드러내시는 직접적인 계시가 아니라 간접적인 계시이다. 그리고 이 간접적인 계시라는 말은 하나님의 계시의 완성은 역사의 종말에 가서야 가능하다는 것을 의미한다. 그런데 이 종말론적인 완성의 계시가 예수님의 부활이 갖는 선취적 성격으로 인해 예수님에 의해 역사 안에서 발생하였다. 예수님은 종말론적 하나님의 계시의 선취이다. 예수님의 부활은 세계의 종말이 선취적으로 발생한 사건이며, 그런 의미에서 예수님은 종말에 가서야 드러나게 될 하나님의 궁극적 계시라는 것이다.

## 2. 판넨베르크의 계시 이해에 대한 비판적 고찰

첫째, 판넨베르크는 계시를 역사와 동일시하여 역사를 성서적 계시 해명을 위한 유일한 범주로 보는데, 이것은 성서적 계시를 수평화시키는 역사주의적 사고가 아닌가?[30] 이미 제임스 바르(James Barr)는 그가 프린스톤 신학교 교수 취임에서 행한 강연 '구약과 현대 신학에 있어서의 역사를 통한 계시'[31]에서 성경의 모든 증거를 역사를 통한 계시라는 범주 안에 모조리 포섭할 수 없음을 주장하였다. 여기서 바르는 논박할 수 없는 사실을 제시한다.

1) 구약의 지혜문학에서는 하나님이 특별한 역사적 사건을 통해서 인간과 교통하는 것이 아니다. 그 실례로는 잠언, 전도서, 시편 등이다. 따라서 바르는 역사를 통한 계시를 구약사상의 기본 동기로서 보는 사상은 구약의 실질적 내용과 부합되지도 않고 또 지지받을 수도 없다고 말한다.

---

30) 김영한, 『현대신학의 전망』(서울: 대한기독교출판사, 1995), p.19.
31) James Barr, *Revelation through History in the Old Testament & in the Modern Theology* (Interpretation 17, 1963), pp.193 – 205.

2) 하나님의 계시는 반드시 역사적 사건 자체를 통해서 나타나는 것은 아니다. 실례로 바르는 출애굽의 사건을 든다. 출애굽 사건을 전후하여, 또는 사건이 진행되는 도중에도 하나님은 그의 예언자 모세와 더불어 직접 구두로 대화를 하신다. 바르에 의하면 하나님이 계시하시고 선포하는 방식은 어떤 범주 안에 집어넣기에는 너무도 복잡하고 미묘하다. 그러나 바르는 역사를 통한 계시를 결단코 배타적으로 부인하지는 않는다.

둘째, 판넨베르크는 계시를 역사와 동일시함으로 계시를 역사의 범주 안에서만 축소시켜서 이해하려고 했고, 또한 계시의 초자연적인 성격을 배제함으로써 계시를 자연적 사건으로 하락시켰다. 판넨베르크는 일반 역사와 구분되는 구속사를 그의 보편 역사의 상호연관 안에서 용납할 수 없다고 주장한다. 그에게 있어서는 구속사가 역사에 속한다고 할 수 없으며 구속사가 세속사로 평면화되어 버리는 결과를 초래한다. 구속사가 세속사에 병합되어 버리기 때문에 판넨베르크는 전체로서의 역사를 구속이라고 보지 않고 계시라고 명명한다. 판넨베르크는 신의 계시는 인간에게 구원을 의미하며 이 구원은 인간의 규정과 그의 본질의 성취라고 규정하는데, 이것은 인간이 그 자신의 폐쇄성에서 신에의 개방성에로 되돌아감을 말한다. 인간의 구원을 신(神)과의 새로운 연합으로 이해하는 이러한 구속의 이해는 성서에서 말하는바 원죄로 말미암은 죄의 권세로부터의 그리스도의 사건을 통한 인간의 구속이라는 특별한 성서적 구속을 명확히 지시하지 않고 일반 종교학적인 인간 본질 규정에서 유래하는 구속을 의미하지 않는가? 판넨베르크에 있어서 전체로서의 역사는 단지 신의 신성의 드러냄에 그 목적을 지니며 성서적 역사 이해에 있어서 핵심이 되는 역사를 통한 죄와 타락에서의 구원이라는 특수한 성서적 구속론은 간과된다. 따라서 기독교 신학이 지니는 가장 주요한 핵심인 성서적 특수 구속론이 단지 일반 역사적 구속론으로 취급되는 것이 아닌가?

셋째, 기독교신학에 있어서 '신앙의 중요한 역할을 재고'해야만 한다.[32] 역사로서의 계시만을 주장하는 것은 지나친 반작용이다. 이에 대해 알트하우스(P. Althaus)는 '역사로서의 계시'는 '역사와 신앙으로서의 계시'로 수정되어야 한다고 말한다. 김이태는 이성과 더불어 신앙을 판넨베르크의 신학에 포함시켜야 하는 이유에 대해 다음과 같이 말한다. "나는 판넨베르크가 그의 신학적 작업에서 신앙을 불필요하게 만들 수 있기 때문이 아니라, 오히려 그와 반대로 그가 공공연하게 그렇게 하기를 거부했음에도 불구하고 신학화를 위한 필요한 조건으로서 적어도 암시적으로라도 신앙을 전제할 수밖에 없었기 때문에 이것을 제안하는 것이다." 즉 아무리 이성으로 이해한다고 해도 하나님을 믿고 예수님의 부활을 믿는 이상 거기에는 이미 신앙이 전제되어 있다는 것이다. 이렇게 전제되어 있는 신앙을 굳이 거부할 이유가 없다는 것이다.

넷째, '성경의 계시적 기능'을 재고해야만 한다. 우리는 성경의 계시적 기능을 회복시켜야 한다. 판넨베르크 역시 오직 역사의 지평 위에서만 신학을 할 것을 고백했음에도 불구하고 그는 종종 자기의 신학적 지지를 얻기 위하여 성경으로 돌아올 수밖에 없었다. 그는 역사의 묵시적 관점에 대한 지지를 얻기 위해서 구약에 호소

---

32) 김이태, 『판넨베르크의 기독론의 방법론적 구조 비판』(서울: 장로회신학대학교출판부, 1985), pp.279-287.

해야만 했고, 예수님의 부활사건에 대한 역사적 증명을 위해서 복음서와 바울에, 그리고 십자가에서 대신 고난 받으신 예수님의 죽음에 대한 그의 해석의 지지를 얻기 위해서 그는 바울 서신의 교리에 호소해야만 했다. 이 모든 것들은 "우리의 신학적 작업에 있어서 성경이 필요 없다."라고 말할 수 없음을 보여 주는 것이다. 더군다나 역사적 계시의 신학은 말씀의 신학과 따로 떨어져서 존재할 수 없다. 판넨베르크의 역사신학이 주장하는 바와 같이 하나님의 계시는 역사 속에서 하나님의 행동, 즉 역사적 사실들을 통해서 온다. 그러나 사실들 그 자체는 말 못하는 벙어리와 같다. 그것들은 해석하여 주는 말씀을 필요로 하는 것이다. "역사의 사실들을 하나님의 행위로 이해하는 사람들에게 있어서 그 사실들은 하나님의 말씀을 통해서만 계시가 된다."[33] 그러므로 계시는 하나님의 행위만으로 구성되지 않고 해석의 말씀도 구성 요소가 되는 것이다. 그리고 해석의 말씀을 하나님의 행위로 간주하는 것이 바로 신앙의 행위이다. 말씀 없는 역사는 벙어리이며, 역사 없는 말씀은 공허하다. 계시는 역사와 말씀을 다 같이 필요로 한다.

다섯째, 성서적 하나님의 개념을 올바르게 취급할 수 있는 '적절한 존재론을 재구성'해야만 한다. 즉 하나님을 그 통전성 안에서 대변할 수 있는, 하나님의 높이와 깊이를 똑같이 강조하는 동시에 하나님의 초월과 내재, 과거와 미래를 또한 붙잡을 수 있는 그러한 종류의 존재론이 되어야 한다.

---

33) M. Kahler, *Dogmatische Zeitfragen: zur Bibelfrage*(Leipzig: A. Deichert, 2nd ed., 1907), p.188.

# 나가는 말

바르트와 판넨베르크의 계시론에 있어서 쟁점이 되는 사안은 '역사를 하나님의 계시로 볼 것인가' 하는 문제와 '계시를 인간의 이성(理性)으로 파악할 수 있느냐' 하는 문제로 대변된다고 할 수 있을 것이다. 먼저 역사가 하나님의 계시인가 하는 문제에 있어서 우리가 믿고 섬기는 하나님은 전(全) 우주의 주인이시기 때문에 우리는 보편사를 포기할 수 없다. 하나님은 역사를 통해 행동하시고 말씀하신다. 이 점에 있어서 판넨베르크의 생각을 지지할 수밖에 없다. 그러나 역사 자체를 하나님의 계시와 동일시하는 것은 너무 거친 동일시가 아닌가 하는 느낌이 든다. 왜냐하면 물론 하나님께서 역사의 주인으로서 역사를 이끌어 가시고 역사를 통해서 활동하고 계시지만 역사 속에는 인간적인 요소와 악마적인 요소가 함께 어우러져 있기 때문이다. 예수님의 말씀처럼 알곡과 가라지가 함께 자라고 있는 것이다. 아우슈비츠도 하나님의 통치하심과 인도하심의 결과인가? 세계의 불의함과 비참함을 볼 때 역사가 바로 하나님의 계시라는 시각에 의문이 생기게 된다. 그러므로 우리는 이 면에 있어서 단지 하나님의 계시의 영역으로서 보편 역사를 제외하지 않는다고 말하는 것이 좋을 것 같다. 다시 말하면 하나님은 역사를 통해서 일하시고 자신을 나타내신다고 할 수 있다. 그러나 역사 자체와 하나님의 계시를 동등하게 취급할 수는 없는 것이다.

다음으로 신앙과 이성의 관계는 매우 어려운 문제이다. 계시를 인식하는 것이 신앙인가 아니면 이성으로도 충분한가? 성경에서는 하나님의 계시를 아는 것이 성령의 역사(役事) 내지는 하나님의 주권에 달린 것이라 말하고 있다. "예수께서 대답하여 이르시되 바요나 시몬아 네가 복이 있도다. 이를 네게 알게 한 이는 혈육이 아니요 하늘에 계신 내 아버지시니라."(마 16:17) "그때에 예수께서 대답하여 이르시되 천지의 주재이신 아버지여 이것을 지혜롭고 슬기 있는 자들에게는 숨기시고 어린 아이들에게는 나타내심을 감사하나이다."(마 11:25) 계시 인식에 있어서 신앙을 강조하면 우리는 예정론까지 갈 수밖에 없다. 그리고 이것은 판넨베르크가 가장 문제시했던 기독교의 자기몰입으로 갈 수밖에 없는 논리에 빠지게 되고 만다. 반면에 계시 이해에 있어서 이성을 강조하는 것은 예수님을 구주로 고백하지 못하는 사람들이 훨씬 더 많다는 현실적인 상황으로 볼 때 그리 타당하지 못하다는 결론에 도달하고 만다. 그러므로 우리는 다음과 같은 잠정적인 결론을 내려야 할 것 같다. 계시 인식에 있어서 자연적인 이성으로는 불충분하다. 하나님의 은혜가 있어야 한다. 이성에 대한 깨우침이 있어야 하는 것이다. 성령의 역사가 있어야 한다.[34] 그럼 누구에게는 깨우침을 주고 누구에게는 여전히 가리고 있느냐 하는 문제는 이 글의 논의 밖의 것

---

34) 이점에 있어서 김명용 교수는 판넨베르크도 신앙의 궁극적인 원인은 하나님이라고 말한다고 주장한다. "판넨베르크가 신앙은 궁극적으로 하나님의 선물이라는 것을 반대한다고 생각하면 판넨베르크를 잘못 이해한 것이 된다. 판넨베르크도 다른 기독교 정통적 신학자와 마찬가지로 우리의 신앙이 하나님에게서 유래된 것임을 강조했다. 왜냐하면 부활한 예수 그리스도를 만난 제자들이 신앙을 갖게 되었는데 그들의 신앙이 이성적인 눈을 통해 얻어진 것임이 분명하지만 그들의 이성을 굴복시킨 것은 하나님의 계시적 사건이 갖고 있는 신적인 힘이었다. 그러므로 신앙은 이성적 판단에 기초하고 있지만 우리의 신앙의 궁극적 근원은 하나님 자신이다." 김명용, "판넨베르그의 생애와 사상", 『기독교사상』(1988년 9월, 32권 9호), p.160.

이라 생각된다. 여기서 말하고자 하는 것은 이성의 불충분함이며, 하나님의 깨우침의 은혜가 있어야 한다는 사실이다.

우리는 우리가 들어야 할 단 하나의 하나님의 계시요 말씀이신 예수 그리스도(빛)를 붙잡는 가운데 보편 역사 속에 나타나는 하나님의 사역(빛들)을 놓치지 말아야 할 것이다. 그리고 이러한 계시를 잘 깨닫기 위하여 성령의 도우심을 간구하는 가운데 이성과 논리를 배제하지 않으시는 하나님의 뜻을 따라 철저한 학문으로서의 신학을 해 나가야 할 것이다.

# 제 2 장

## 칼 바르트(K. Barth)의 하나님 개념의 변천

*- Die Veränderung der Gottesbegriff Karl Barths -*

# Ⅰ. 자유주의 신학자로서의 젊은 칼 바르트

1915년 이전까지의 젊은 시절의 칼 바르트는 자유주의 신학자였다. 바르트는 하나님과 인간 사이에 근본적인 질적 차이가 없다고 생각하였다. 하나님은 인간보다 좀 나은 분이시고 좀 더 위대한 분이시고 중요한 분이시다. 하나님은 인간이 생각할 수 있는 가장 훌륭한 분이시지 인간과는 질적으로 다른 타자는 아니시다. 하나님과 인간의 차이는 하나님이 위대한 인격이라면 인간은 그보다 조금 못한 작은 인격이라는 차원에서 찾아볼 수 있다.[35]

# Ⅱ. 『로마서 강해』 제1판(1919)

## 1. 세상을 새롭게 변혁시키시는 하나님 – 하나님만이 세상을 변혁시키실 수 있다.

1915년 이전의 바르트는 하나님과 인간 사이에 질적인 구별이

---

35) 김명용, 『칼 바르트의 신학』(서울: 이레서원, 2007), pp.56 – 57.

없다고 생각했다. 하나님은 인간에 대하여 보다 나은 존재이고 인간은 지구상의 제2의 신(神)이다. 이러한 근거로부터 선한 인간의 행위는 하나님의 행위와 거의 동일시되었다.

그러나 1915년 이후부터 바르트는 하나님과 인간 사이의 질적 차이를 강조하였다. 바르트의 그 유명한 관용구인 "세계는 세계이고, 하나님은 하나님이다(Welt ist Welt, Gott ist Gott)."는 1915년부터 나타나기 시작했다. "우리의 새로운 시작은 하나님을 하나님으로 인식하는 것에서부터이다."

1915년 이전의 바르트는 신성의 계시와 연관이 있는 그리스도의 부활을 단지 자연의 한 요소로 생각했다. 그러나 1915년 이후부터 예수님의 부활은 자연의 나타남과는 아무 관련이 없게 된다. 부활은 지금까지 이 세상 속에서 전혀 찾아볼 수 없는 하나의 새로운 창조이고 온전히 새로운 것이다.

『로마서 강해』 제1판(1919)에서 하나님은 종래의 세상 속에 전혀 존재하지 않으시는 새로운 분이시다. 하나님은 오시는 분이시며, 그 속에서 하나님은 이 종래의 세상을 새롭게 하신다. 이 세상의 새롭게 됨은 오직 하나님의 이러한 새롭게 하심으로부터만 가능한 것이다. 그런 까닭에 인간의 행위로서의 사회민주주의는 결코 새로운 하나님의 나라를 대신할 수 없다. 바르트는 『로마서 강해』 제1판(1919) 속에서 사회민주주의와 하나님의 나라의 일을 직접적으로 동일시하는 것을 배제하였다.

『로마서 강해』 제1판(1919)은 '하나님과 세상의 질적 차이'라는 말로 요약될 수 있다. 하나님은 세상 속에 있었던 분이 아니라 오고 계시는 분이시다. 하나님의 영은 세상에 기존하던 것들을 보호하는 데 관심이 있는 것이 아니라 변혁시키는 데 관심이 있다. 하나님의 새롭게 하시는 일이 인간적인 진보라는 것과 혼동되어서는 안 된다. 세상을 참으로 새롭게 하시는 분은 하나님이시지 인간적인 그 어떤 것이 아니다. 하나님만이 세상을 변혁시키고 새롭게 하신다. 하나님의 변혁은 세상을 개선하는 것이 아니라 새롭게 창조하는 것이다. 이는 극단적인 변혁을 의미한다.

## 2. 하나님의 나라 건설의 전제인 하나님의 능력

바르트는 『로마서 강해』 제1판(1919)에서 세계사는 죽음의 힘과 성령의 힘 사이의 전투라고 말한다. 세상에는 죽음의 힘과 성령의 힘이 존재한다. 그러므로 결정적인 문제는 이 세력들 중 어느 편에 가담하느냐이지 단순한 마음씨나 도덕의 문제가 아니다. 그리고 죽음의 권세는 인간의 개인적인 노력에 의해서 결코 분쇄되지 않는다. 바로 이 같은 시각에서 바르트는 경건주의적 개인주의를 부정하게 된다. 죽음의 힘을 분쇄하는 길은 죽음으로부터 부활하신 그리스도 안에 있다. 죽음의 권세는 부활하신 그리스도 안에 계시된 하나님의 주권을 통해서 부서진다. 예수 그리스도는 단순한 도덕 설교자가 아니라 하나님의 능력의 선포자이고 운반자이다. 하나님의 능력이 그리스도 안에 존재하기에 인간이 그리스도께 사로잡혀 그리스도의 지체가 될 때 하나님의 능력이 우리를 통해 나타나게 된다. 인간을 구원하고 새롭게 하는 것, 세상을 구원하고 새롭게 하는 것은 오직 하나님의 능력에 달려 있는 것이다. 하나님 없이 승리는 없다. 예수 그리스도를 부활시킨 하나님의 능력이 세상 속에 새 하늘과 새 땅을 건설하는 전제이다. 하나님의 나라는 하나님에 의해, 하나님의 능력에 의해 건설된다.

## 3. 세상을 부정하고 긍정하는 하나님의 변증법적 활동

하나님의 나라는 세상의 도덕, 윤리, 정치, 이념과 무관하다. 인간적인 것은 하나님 앞에서 하등의 가치도 없다. 그러나 오고 있는 하나님의 나라는 세상 속에, 그리고 인간 속에 그 뿌리를 박고 자라고 있다. 여기서 우리는 바르트가 『로마서 강해』 제1판(1919)에서 한편으로는 인간성의 가치를 전적으로 부정하면서 다른 한편으로는 긍정하고 있는 모습을 보게 된다. 바르트에 의하면 죄인인 인간은 하나님으로부터 철저히 단절되어 있다. 그러나 그리스도 안에 있는 사람은 하나님의 동역자의 역할을 감당할 수 있다. 왜냐하면 그리스도께서 그 안에 살아 계시기 때문이다. 그리스도 안에 있는 자에게는 신적인 어떤 것이 그 안에 존재한다. 하나님의 영이 그 안에 있기 때문에 그는 하나님의 나라 건설의 일꾼이 될 수 있는 것이다. 바르트는 『로마서 강해』 제1판(1919)에서 인간에 대한 부정을 선언하는 동시에 인간에 대한 긍정을 선언하고 있다. 바르트에 의하면 세상은 부정되고 또 긍정될 두 가지 가능성을 가진다. 하나님은 정(正) 속에도, 반(反) 속에도 계시지 않고 합(合) 속에 계신다. 세상에 있는 그 어떤 가치 있는 것도 하나님을 떠나서는 하나님의 심판 아래 있는 무가치한 것에 지나지 않는다. 그러나 그것이 하나님의 도구가 될 때에는 하나님의 신성을 담지 하는 그릇이 될 수 있다. 그리스도 안에서 하나님의 도구로 사용되는 모든 인간적인 것, 세상적인 것들은 하나님의 나라의 징표가 될 수 있다.

## 4. 역사 속에서 성장하는 하나님 나라

『로마서 강해』 제1판(1919)에서 바르트에 의하면 하나님의 나라는 역사적으로 생겨난다. 인간은 이러한 하나님의 나라의 동역자이다. 이 하나님의 나라는 예수 그리스도와 함께 시작되었고, 성장하고 있으며, 지구 위에서의 완성을 향하여 나아가고 있다.

## Ⅲ. 『로마서 강해』 제2판(1922)

### 1. '전적 타자(der ganz Andere)'로서의 하나님

『로마서 강해』 제1판(1919)에서 하나님이 세상을 새롭게 변혁시키는 분이었던 반면에, 『로마서 강해』 제2판(1922)에서 하나님은 전적 타자(der ganz Andere)이시다. 하나님은 세상을 새롭게 하는 것과 전혀 관계가 없다. 하나님은 인간의 위기이며 전(全) 세계에 대한 부정이다(위기의 신학). 하나님과 함께 하는 인간의 연합의 능력은 전혀 존재하지 않는다. 왜냐하면 하나님은 인간의 현존을 위협하는 전적 타자이기 때문이다. 『로마서 강해』 제2판(1922)에서는 『로마서 강해』 제1판(1919)에서 보였던 하나님과 인간의 협력 관계가 전적으로 거부된다.

## 2. 알 수 없는 하나님 - 하나님의 불가해성

하나님은 알려지지 않는 분이시다. 하나님은 탐구될 수 없다. 인간은 하나님을 인식할 수 없다. 그러나 하나님이 탐구될 수 없는 분임에도 불구하고 하나님의 부정의 증거는 이성적으로 파악된다. 왜냐하면 하나님이 모든 객관성의 위기의 근원이기 때문이다. 그의 심판인 하나님의 부정은 불가피하게 파악된다. 바르트에 의하면 『로마서 강해』 제1판(1919)에서는 인간이 하나님의 긍정적인 얼굴을 인식할 수 있었다. 그러나 『로마서 강해』 제2판(1922) 이후 인식할 수 없게 되었다. '알 수 없는 하나님'이라는 말은 헤아릴 수 없는 하나님의 행위들과 관계가 있다. 선택과 거부라는 하나님의 행위는 단지 하나님 자신에 근거하는 두 개의 가능성이다. 이것은 하나님의 주권을 의미하고, 하나님의 자유를 의미하고, 하나님의 의를 의미한다. 『로마서 강해』 제1판(1919)에서 바르트에 의해 언급된 인간을 위한 제안으로서의 하나님의 자비로운 행동은 『로마서 강해』 제2판(1922)에서는 더 이상 보이지 않는다.

## 3. 하나님에 대한 진술의 불가능한 가능성

인간은 하나님에 대해 말할 수 없다. 왜냐하면 인간이 하나님을 명명하는 것을 하나님은 의문시하기 때문이다. 이러한 하나님에 대한 진술의 불가능성은 사도들과 예언자들에게도 역시 해당된다. '성서 속에 있는 하나님의 말씀'으로서의 말씀 개념이 『로마서 강해』 제2판(1922)에서는 아직 나타나지 않는다. 『로마서 강해』 제2판(1922)에서 바르트는 하나님의 계시에 대한 어떠한 시간적인 술어도 거부한다. 왜냐하면 하나님의 영원성과 시간적인 물건들은 공존할 수 없기 때문이다. 그러므로 하나님의 계시가 시간의 세계 속에서 발생하는 것은 불가능하다. 만약 하나님의 계시가 시간의 세계 속에서 발생한다면 불가능한 것이 발생한 것이기에 그것은 경이(놀라움)이다. 그러므로 하나님의 계시는 하나의 역설적 진리이다.

하나님에 대한 진술의 불가능한 가능성은 영원이 시간과 만나는 순간이다. 영원이 시간 속에 존재할 수는 없으나 시간과 부딪히는 순간이 있다. 그 순간은 시간들 사이에 있는 순간이다. 이 불가능한 가능성이 『로마서 강해』 제2판(1922)에서 영원과 시간이 만나는 유일한 가능성이다.


## 4. 하나님은 역사적이지 않다.

바르트는 그가 『로마서 강해』 제1판(1919)에서 주장했던 지상에

서의 하나님의 역사의 발전 사고를 『로마서 강해』 제2판(1922)에
서는 부정했다. 바르트는 『로마서 강해』 제1판(1919) 출판 이후 지
구 위에서의 하나님의 나라의 발전 개념을 수정하였으며, 다시는
지구 위에서의 하나님의 역사의 완성에 대해 말하지 않았다. 왜냐
하면 하나님의 영원성은 역사 자체를 지양(폐기)하기 때문이다. 하
나님은 역사 속에 그의 나라를 반영할 수 있는 집을 건설하지 않
으신다. 그런 까닭에 하나님의 나라는 사회주의와 아무 관계가 없
다. 역사성은 하나님의 존재에 속하는 것이 아니다.

　하나님은 세상의 역사의 차원에 계시지 않는다. 예수 그리스도의
부활은 역사적 이성의 차원에서 파악 가능한 것이 아니다. 부활은
Geschichte의 차원에 속한 것이지 Historie 안에서 파악될 수 있는
것이 아니다. 하나님의 계시(예수 그리스도)는 원역사(Urgeschichte)
이다. 원역사란 하나님의 계시 순간에는 파악이 되지만 인간의 역
사 속에 그 흔적을 남기지 않는 역사이다. 그러므로 바르트에 의
하면 예수 그리스도의 부활을 역사적으로 증명하려는 모든 시도는
불가능한 시도이다.


# Ⅳ. 『기독교 교의학』(1927)과 『교회 교의학 Ⅰ, 1』(1932)


## 1. 하나님의 역사적 술어와 하나님 말씀의 세 가지 형태

바르트에 의하면 『로마서 강해』 제2판(1922)에서는 시간과 영원

은 공존할 수 없었다. 왜냐하면 영원이 시간과 역사를 지양(폐기)하기 때문이다. 그러나 이후, 특별히 1924년의 '죽은 자의 부활'에서는 역사 내에서의 하나님의 존재가 다루어진다. 예수 그리스도의 부활을 통하여 영원한 하나님을 역사 내에서 눈으로 볼 수 있게 되었다.『로마서 강해』제2판(1922)에서 주장된 부활의 인식 불가능성의 자리에 부활의 인식 가능성이 자리 잡게 되었다. 예수 그리스도가 바로 하나님의 역사적 술어이다.

이러한 변화는『기독교 교의학』(1927)에서 두드러진다. "역사는 계시의 술어이다. 하나님은 우리를 만나신다. 이것이 계시이다. 그렇기 때문에 계시는 역사이다."[36] 하나님은 인간적인 형식을 취함으로써 역사 속에서 행동하신다. 바르트는 근본적으로 하나님의 내재에 대한 어떠한 생각도 부정하는, 하나님의 초월에 대한 일방적인 강조를 포기한다.

바르트는 하나님의 말씀이 사람이 되었다고 말한다. 성육신은 하나님이 역사적인 술어가 되었다는 근거이다. 예수님 안에 있는 하나님의 말씀(계시된 말씀, 예수 그리스도)은 보다 넓게 성경 속에(기록된 말씀, 성경) 그리고 교회의 설교 속에(선포되는 말씀, 설교) 머물고 있다(말씀의 삼중성). 이것들은 계시의 매개체들이다. 하나님은 이 세 가지 형태로 우리에게 말씀하신다.

『로마서 강해』제2판(1922)에서는 하나님의 계시가 하나의 역설적인 진리인 반면에,『기독교 교의학』(1927)과『교회 교의학 Ⅰ, 1』(1932)에서는 하나님의 계시가 하나님의 주권을 통해서 생겨난다. 하나님은 역사적이고 인간적인 술어를 가지실 수 있다. 왜냐하면

---

36) Karl Barth, *Christliche Dogmatik*, p.311.

하나님은 주님이시기 때문이다. 이러한 계시의 술어들에 근거하여 인간에 대한 하나님의 말씀이 들릴 수 있게 된다. 이것이 바르트의 세 번째 신학적 전환이다[37]. 『기독교 교의학』(1927)에서의 그의 신학은 역설적인 신학이 아니라 하나님의 주권의 신학이다.

## 2. 주체(Subject)로서의 하나님

하나님께서 인간적인 형식 속에서 말씀하시지만 그럼에도 불구하고 하나님은 계시를 위하여 인간과의 어떠한 협동도 필요로 하지 않으신다. 하나님만이 계시자이다. 나사렛 예수의 인성 또한 계시자(offenbarer)의 '도구(그릇)'이지 그 자체로서 계시자 자신은 아니다. 하나님께서 말씀하지 않으실 때 계시의 형식들은 어두컴컴한 것이 된다.

계시의 형식들 속에서 자신을 계시하시는 하나님은 '계시된 하나님(Deus revelatus)'일 뿐만 아니라 '숨어 계신 하나님(Deus absconditus)'이기도 하다. 그래서 하나님은 인간에게 인식되기도 하고 인식되지 않기도 한다. 이것은 인간 인식의 한계 때문만이 아니라, 하나님의 주권에 달린 것이다. 하나님은 자신의 계시의 형식들(술어들) 속에 자신을 숨기신다. 왜냐하면 하나님은 스스로 행동하는 주체이기 때문이다.

『기독교 교의학』(1927)과 『교회 교의학 Ⅰ, 1』(1932)에 나타난

---

37) ① 자유주의 신학 → 로마서 강해(제1판): 하나님과 세상의 질적 차이
　　② 로마서 강해(제1판) → 로마서 강해(제2판): 전적 타자이신 하나님
　　③ 로마서 강해(제2판) → 계시는 역사적 술어를 가진다.

하나님은 전적 타자가 아니라 주체이시다: 하나님의 주체성은 하나님이 인간 인식의 대상이 될 수 없다는 것을 증명한다. 하나님 인식은 하나님 자신이 성령을 통해 자신을 인식하도록 내어 주실 때에만 가능하다. 하나님의 주체성으로 인하여 하나님의 계시는 닫힌 원(geschlossene Zirkel)의 특징을 나타낸다.

삼위일체론은 하나님이 주체이심을 증명한다. "하나님은 자기 자신을 주님으로 계시하신다(Gott offenbart sich als der Herr.)."라는 삼위일체론의 공식은 하나님께 이르고자 하는 인간의 어떠한 합리적인 길도 차단한다. 삼위일체론은 하나님의 주권을 보증한다. 삼위일체론은 하나님의 내재성 속에서 하나님의 초월성을 보증한다. 삼위일체론은 하나님은 주체이시고 주님이시다는 말과 다르지 않다.


## 3. 하나님의 계시와 그의 자유

하나님이 주체라는 사실은 하나님을 세계와 연관 지어서 생각할 수 없다는 것을 요구한다. 왜냐하면 하나님은 단지 자기 자신을 통해 결정되기 때문이다. 하나님은 세계를 필요로 하지 않으신다. 이러한 하나님의 신성에 대해 자기충족적이라는 특징이 나타난다. 하나님은 자신을 계시하시거나 또는 자신을 계시하지 않으시거나 하는 것에 있어서 자유로우시다. 왜냐하면 하나님은 자기 자신 안에서 충족하시기 때문이다. 하나님은 필요에 의해서가 아니라 자유로 계시하신다. 하나님은 자유하시기 때문에 스스로 계시하실 수도 있고, 계시하지 않으실 수도 있다. 인간에게 하나님의 말씀이 오는 것은 신적인 자유와 선택의 행동이다. 바르트는 계시의 근거를 하나님의 자유하심에서 찾는다. 이러한 하나님의 자유는 명목상의 하나님의 자의성(der nominalistischen Wahlfreiheit Gottes)에서부터 멀리 벗어나지 않는다.

## 4. 양태론적 삼위일체로서의 하나님

### 1) 한 주체의 반복으로서의 하나님의 삼위일체성

바르트의 삼위일체론의 핵심적인 문제는 삼위일체 하나님이 단지 하나의 인격, 하나의 주체라는 데 있다. 한 분 하나님은 세 존재방식으로 계신다. 그러나 본질은 여전히 하나이다. 그리고 한 인격이시다. 삼위성(Dreiheit)은 이러한 하나의 신적 주체의 반복에 다름 아니다. 이로 인해 바르트의 삼위일체론은 세 신적 위격의 위격적 연합성(die Personhaftigkeit)을 포기하고 양태론의 위험에 빠져들게 되었다.

### 2) 성부와 성자의 본질(존재)의 일체로서의 성령

바르트에 의하면 성부 하나님은 계시자이고, 성자 하나님은 계시이고, 성령 하나님은 계시됨이다(Gott, der Vater ist Offenbarer, Gott, der Sohn ist Offenbarung und Gott, der Heilige Geist ist Offenbarsein). 바르트의 삼위일체론에서 성령은 성부와 성자의 일치(Einheit)이다. 성령은 성부와 성자 사이의 사랑의 끈이다. 그러므

로 성령은 단지 관계이지 주체가 아니다. 여기서 삼위일체가 이위
일체로 되어 버린다.


## 5. 『기독교 교의학』(1927)과 『교회 교의학 I, 1』(1932) 사이의 하나님 개념의 발전


### 1) 행동으로서의 하나님

『기독교 교의학』(1927)에서의 하나님은 객체가 아니시다. 그런
까닭에 하나님의 계시 또한 객관적인 계시가 될 수 없었다. 그것
은 엄밀히 말하자면 계시가 아니었다. 왜냐하면 인간이 하나님의
계시를 전혀 인식할 수 없었기 때문이다. 그러나 『교회 교의학 I,
1』(1932)에서 바르트는 하나님의 존재를 아들의 역사적 계시 속에
서 설명하려 한다. 바르트는 예수 그리스도의 역사에 집중한다.

『교회 교의학 I, 1』(1932)에서 하나님의 계시는 하나의 사건
(ein Ereignis)이다. '행동으로서의 하나님'이라는 관용구를 『교회 교
의학 I, 1』(1932)에서 볼 수 있다. 하나님의 존재는 행동이다. 자
신을 계시하시고 인간에게 인식될 수 있는 하나님의 존재는 행동
하는 존재이다. 하나님의 본질(존재)과 그의 행동은 둘이 아니라
하나이다. 여기서 바르트는 예수님의 역사 속에서 하나님 자신을
인식할 수 있다는 것을 시도하였다. 그러나 이러한 시도는 『교회
교의학 I, 1』(1932)에서는 완전하게 성공하지는 못하였다. 왜냐하
면, 엄밀히 말해서, 하나님의 계시는 예수님의 역사로부터가 아니

라 전적으로 하나님의 주체로부터 이해되기 때문이었다.

## 2) 질문과 대답이라는 도식 속에 있는 하나님 개념의 폐기

『교회 교의학 Ⅰ, 1』(1932)에서의 하나님 개념의 중대한 발전은
바르트가 자연신학을 완전히 폐기하였다는 것이다. 『기독교 교의
학』(1927) 속에는 여전히 질문과 대답이라는 도식 속에 있는 자연
신학의 하나님 개념의 잔재가 보인다. 『기독교 교의학』(1927)에서
하나님은 인간의 물음에 대한 대답이었다. 그러나 1931년부터 바르
트는 자연신학과의 어떠한 접촉점도 전적으로 거부한다. 하나님은
인간의 질문으로부터 전적으로 독립적이시다. 인간은 하나님에 대해
질문하고자 할 때 하나님 자신이 계시하신 그것에 대해 질문해야
한다. 이것이 바르트의 네 번째 신학적 전환이다(자연신학 거부).


# Ⅴ. 『교회 교의학 Ⅱ, 2』(1942)의 선택론(예정론)


## 1. 자기결정 속에 계시는 하나님

### 1) 하나님의 자기결정으로서의 예수 그리스도

바르트는 KD Ⅱ, 2의 선택론에서 '하나님의 자기결정(der
Selbstbestimmung Gottes)'에 대하여 말한다. 이것은 교회교의학 안
에 있는 하나님 개념의 전환점을 암시하는 것이다. 하나님의 영원

한 결의에 의해 하나님은 예수 그리스도 안에서 하나님이 되셨다. 이 하나님의 자기결정 이후부터 예수 그리스도 밖에 있는 하나님은 존재하지 않는다. 하나님을 예수 그리스도 밖에서 찾으면 안 된다. 예수 그리스도 밖의 하나님은 성서의 하나님이 아니다. 이는 하나님을 오직 예수 그리스도의 역사 속에서, 특히 예수 그리스도의 십자가 속에서 발견하고자 하는 바르트의 노력이다.

## 2) 자기결정 이전과 이후의 하나님

하나님의 자기결정 그 이전과 이후에 있어서 하나님 개념의 차이점이 발견된다. 자기결정 이전의 하나님은 스스로 행복하시고 자기 충족적이시다. 그는 슬픔이나 죽음에 의해 손상되지 않는 그의 영광 속에 계신다. 그러나 자기결정 이후의 하나님은 상처 받기 쉽고 슬픔과 죽음에 의해 건드림을 당하는 분이시다. 십자가에 달린 하나님은 자기결정 이후의 하나님의 모습이다.

## 3) 그리스도 중심적 삼위일체론으로의 삼위일체론의 변화

하나님의 자기결정 그 이전과 이후에 있어서 삼위일체의 사고에 있어서 차이점이 발견된다. 자기결정 이후에 세 신적 위격은 단지 예수 그리스도 안에 머문다. 예수 그리스도는 단지 아들의 이름을 나타내는 것뿐만이 아니라 한 분 하나님의 이름을 대표한다. 예수 그리스도의 신성은 세 신적 위격들의 신성을 포함한다. 이런 까닭에 KD Ⅱ, 2의 선택론 속에서 삼위일체론은 양태론적 삼위일체론에서 그리스도 중심적 삼위일체론으로 변하게 된다.

## 2. 인간의 선택에 대한 신적 행위 속에 계신 하나님

### 1) 1936년 '하나님의 은총의 선택': 신적 행위의 두 가지 형태

바르트가 1936년 헝가리와 루마니아 지방에서 행한 강연 '하나님의 은총의 선택(Gottes Gnadenwahl)'을 정리하면 다음과 같다.[38]

(1) 하나님은 선택하기도 하시고 버리기도 하신다.
(2) 하나님의 사랑은 심판이 없는 사랑이 아니다.
(3) 십자가의 그리스도는 '단 한 분 버림받으신 분'이 아니고 우리의 버림의 계시이다.
(4) 그리스도는 버림과 선택의 중재자이다. 하나님의 선택과 버림은 그리스도에 대한 인간의 믿음과 관계되어 있다. 그리스도는 인간에 대한 하나님의 선택 그 자체가 아니라 그리스도를 믿는 자에게 은총을 베푸시는 은총의 통로이다.
(5) 선택은 하나님의 현존하는 자유의 행위와 이에 상응하는 인간의 믿음과 관계되어 있다.
(6) 그리스도를 믿는 자는 선택된 자이다.
(7) 선택과 버림은 영원 전에 완성된 것이 아니라 종말론적 성격을 지닌다.

바르트는 1936년 선택론에서 인간의 회개와 믿음과 순종을 강조하고 있다.

### 2) 1942년 『교회 교의학 II, 2』의 선택론: 하나님은 오직 은혜이시다

그러나 KD II, 2(1942)의 선택론에서 바르트는 하나님의 버리

---

38) 김명용, "칼 바르트 신학에 있어서 예정론의 발전", 『기독교사상』(1992년, 2호), pp.104 - 107.

심의 가능성을 거부한다. 예수 그리스도 안에 계신 하나님은 절대로 버리시는 하나님이 아니다. 하나님의 자기결정 이후에 하나님의 존재 안에 있는 것은 인간을 위한 은혜이지 심판이 아니다.

## 3. 하나님의 객관성과 인간의 주체적 존재

하나님의 주체성에 대한 사고는 하나님과 인간 사이의 파트너십을 불가능하게 만들었다. KD Ⅰ, 1에서 하나님은 객체가 아니시며 인간의 파트너도 아니시다. 하나님은 주체이시며 주님이시다. 그러나 KD Ⅱ, 2의 선택론에서 바르트는 하나님과 인간 사이의 파트너십에 대해서 말한다. 계시사건 속에서 하나님은 객체가 되고 인간의 파트너가 되신다. 예수 그리스도 안에서 하나님은 인간과 함께 하는 하나님의 공동체를 암시한다.

## 4. 선택의 사건 속에 계시는 하나님의 존재 – 신율 속에서의 인간의 자율

하나님께서 예수 그리스도 안에서 버리지 않으심에도 불구하고 바르트는 버림받음의 실재적 존재에 대하여 말하였다. 이것은 그의 선택론이 현실주의와 함께 있음을 말해 준다. 예수 그리스도 안에서의 하나님의 선택은 행동이요 사건이다. 예수 그리스도 안에서의 하나님의 선택은 이미 완결된 객관적 사실이 아니다. 예수 그리스도 안에서의 하나님의 선택은 시간 속에서 끝없이 생겨나는 것이다. 예수 그리스도 안에서의 하나님의 선택은 하나님이 항상 앞서가는 하나님과 인간의 만남 속에서 생겨난다. 바르트는 하나님과 인간의 만남에 근거하여 만유화해론(Allversöhnungslehre)을 거부하였다. 왜냐하면 하나님의 현재적 결심 없이는 개별적인 선택이 없기 때문이다.

## Ⅵ. 『교회 교의학 Ⅳ, 1 – 4』(1953 – 1967)의 화해론

### 1. 예수 그리스도 안에서 낮아지심 가운데 계신 하나님

#### 1) 인간성 안에 계신 하나님

바르트는 자신의 교의학의 화해론에서 유한성과 인간성에 대립되는 높으시고 거룩하신 하나님의 개념을 거부하였다. 만약 하나님이 예수 그리스도 안에서 이해된다면 인간성은 하나님의 신성에 속하는 것이다. 하나님은 인간적이시다. 이러한 하나님 개념은 하나님을 전적 타자로 말했던 『로마서 강해』 제2판과는 완전히 대조적인 것이다. 하나님의 인간성에로의 방향 전환은 KD Ⅱ, 2의 선택론에서 시작되었으며 바르트는 이 방향전환을 화해론에서 계승하였다.

KD Ⅱ, 1에서 바르트는 하나님의 완전함을 그의 모든 것의 충분함(충족함)과 동일한 것이라고 말했었지만 화해론에서 바르트는 하나님의 완전함은 인간을 필요로 하지 않는 완전함이 아니라고 생각한다. 하나님은 인간을 필요로 한다. 인간과 함께 공동체를 이루고자 하는 하나님의 소망은 하나님의 신적 본성과도 상응하는 것이다. 또한 하나님의 성육신은 하나님의 본성에 필연적인 것이다. 왜냐하면 하나님은 인간과 묶여 있는 하나님이기 때문이다.

## 2) 십자가에서의 진정한 신성(Gottheit)의 새로운 발견

십자가는 진정한 신성의 본질이다. 화해론의 이러한 이해는 바르트의 하나님 개념의 중대한 전환이다. 바르트는 교의학 첫째 판에서 신성의 본질을 십자가의 무능력 속에서가 아니라 전능과 통치권 속에서 보았다. 이것은 특별히 계시의 경이로움과 부활 속에서 볼 수 있게 된다. 그 무렵 바르트에게 있어서 십자가에서 부활로 가는 길은 비계시가 계시가 되는 길이었다. 그러나 화해론 속에서 하나님은 본질적으로 고통을 짊어지시는 분이시다. 십자가는 하나님의 신성의 진정한 계시이다.

## 2. 삼위일체와 예수 그리스도의 역사

화해론의 삼위일체 논리는 KD Ⅰ, 1의 삼위일체론에 나타난 한 주체의 반복(der Wiederholung des einen Subjektes)의 논리와 흡사하다. 하나님은 자기 자신을 창조자(Schöpfer), 화해자(Versöhner), 구원자(Erlöser)로 반복하신다. 화해론 속에서 삼위일체 공식의 보다 넓어진 발전이 보이게 되었고 양태론적 삼위일체는 이제 예수 그리스도의 역사와 함께 계승되고 해석되게 되었다. KD Ⅰ, 1의 한 추상적인 주체의 자리를 화해론에서 예수 그리스도 안에 계신 한 분 하나님이 차지하게 된 것이다. 예수 그리스도 안에 계신 한 분 하나님은 자신을 반복하신다.

## 3. 자신의 목표를 향해 가시는 하나님

### 1) 예수 그리스도의 종결된 역사와 그의 아직 종결되지 않은 역사

KD Ⅱ, 2의 선택론에 반(反)하여 하나님 개념의 더 확장된 발전이 화해론에서 보인다. 바르트는 예수 그리스도의 역사의 역사성의 특징을 말한다. 바르트가 선택론에서 예수 그리스도의 역사를 항상 오늘 발생하는 사건으로 이해한 반면에 화해론에서 예수님의 역사는 과거, 현재 그리고 미래를 가진다. 바르트는 이제 예수 그리스도의 역사 속에서 '약속과 화해' 그리고 '구원과 성취'를 구별한다. 약속과 화해는 이미 종결되었다. 그러나 구원과 성취는 아직 예수 그리스도의 역사의 미래에 속하는 것이다. 부활의 날은 예수 그리스도의 역사의 성취의 날이 아니다. 부활의 날은 예수 그리스도의 최후의 성취의 날들의 선취(先取)의 날이다.

### 2) 자신의 영광의 성취 안에 계신 예수 그리스도

예수 그리스도는 그의 역사의 선취 이후에 여전히 도상에 계신다. 이러한 역사적인 예수님의 활동은 영광스러운 특색을 지닌다.

하나님의 영광을 증가시키기 위해 예수 그리스도 자신은 여전히 자신의 목표를 향하여 전사(der Streiter)와 구세주로서 활동하신다.

## 4. 신적 행위와 인간의 신앙의 분리

하나님의 행동은 인간의 신앙으로부터 독자적으로 발생한다. 이러한 사고는 선택론과 비교해 보면 역시 화해론에 나타난 하나님 개념의 하나의 가시적 변화이다. 왜냐하면 바르트는 선택론에서 하나님의 행동은 하나님의 결심과 인간의 결심이 일치하는 순간 속에서 생겨난다고 언급했기 때문이다. 후기 바르트는 하나님의 행동과 인간의 신앙을 서로로부터 분리시켰다. 신앙은 하나님의 행동에 대한 자기인식적인 귀결이며 전적으로 인간의 활동이다.

## Ⅶ. 하나님의 인간성(Die Menschlichkeit Gottes)[39]

바르트는 1956년 '하나님의 인간성(Die Menschlichkeit Gottes)'이라는 강연을 했다. "하나님의 인간성이란 하나님이 인간과 관계를 맺었다는 뜻이고, 하나님이 인간을 향해 전향했다는 뜻이다. 이것은 인간과 더불어 말씀하시는 하나님이라는 뜻이다. 이 말은 인간을 위한 하나님의 실존을, 또 그의 중재를, 또 그의 활동을 나타내는 말이다. 또한 인간과 더불어 갖는 하나님의 교제를 뜻하는 말

---

39) 김명용, 『칼 바르트의 신학』(서울: 이레서원, 2007), pp. 179 – 182.

이며, 따라서 인간의 하나님이 되고자 원하며 또 인간의 하나님 이외에 전혀 다른 분이 아닌 하나님의 자유로운 은총을 표현하는 말이다."[40) '하나님의 인간성'의 핵심은 『로마서 강해』 제2판에서 는 하나님의 신성에는 인간이 없는 데 반해, '하나님의 인간성'에 는 하나님의 신성 안에 인간이 존재하고 있다는 것이다. 『로마서 강해』 제2판에서 하나님은 인간과 다른 전적 타자인 데 반해, '하 나님의 인간성'에서 예수 그리스도를 통해 얻게 된 새로운 신인식 은 바로 사람인 인간 예수님께서 하나님이라는 사실에서부터 하나 님께서 인간적이라는 사실을 발견한 것이 그 핵심이다. 전적 타자 이신 하나님은 인간이 아닌 하나님이었지만, 후기 바르트가 발견한 하나님은 인간이신 하나님이었다.

바르트는 예정론 이후부터 십자가의 신학을 철저히 발전시키는 가운데 심판하시는 하나님의 개념을 신개념에서 제외했다. 바르트 에 의하면 하나님은 그의 지극한 사랑 때문에 인간을 위해 대신 심판 당하신 하나님이시지 심판하시는 신이 아니시다. 『로마서 강 해』 제2판의 하나님의 거룩성은 인간과 세상과 역사를 심판하는 거룩성이었지만, 후기 바르트 신학에서의 하나님의 거룩성은 인간 과 세상을 살리기 위한 하나님의 고난 속에 있는 거룩성이었다. 후기 바르트 신학에서의 하나님의 거룩성은 그의 말할 수 없는 은 총을 의미하는 것이었다. 바르트는 이 새로운 하나님을 인간이 되 신 하나님에게서, 곧 인간 예수님의 역사와 그의 십자가의 고난 속에서 발견하였다.

후기 바르트는 전통적으로 믿어 오던 헬라 철학적 신 개념에 일

---

40) Karl Barth, *The Humanity of God*(Atlanta: John Knox Press, 1960), p.37.

대 혁명을 일으킬 만한 새로운 신 개념을 제시하는데 이 새로운 신 개념은 모두 하나님의 인간성이라는 표제어로 표현할 수 있는 개념이다. 후기 바르트는 예수 그리스도의 십자가에서 하나님의 낮아지심을 발견했고, 하나님의 목마르심, 하나님의 약하심과 무능하심, 하나님의 고난과 죽음을 발견했다. 후기 바르트는 하나님께서 인간을 필요로 하시고 인간과의 사랑의 파트너가 되고 싶어 하시고, 인간의 사랑을 끊임없이 갈구하신다는 사실도 알게 되었다. 하나님은 인간을 필요로 하신다.

그렇다면 후기 바르트는 전적 타자이신 하나님 개념을 완전히 버린 것일까? 후기 바르트에게 있어서도 하나님은 여전히 전적 타자이시고 거룩하신 분이시다. 후기 바르트 신학에서도 하나님은 여전히 인간과 다른 전적 타자이시다. 그런데 이 둘의 차이점은 하나님이 인간과 다르다는 말의 의미이다. 후기 바르트 신학에 있어서 하나님께서 인간과 다르다는 말은 하나님 안에 인간성이 없다는 말이 아니고, 은총의 행위에 있어서 하나님은 참으로 '질적으로 다른 분'이라는 말이다. 『로마서 강해』 제2판에서 하나님은 인간이 아니고, 인간의 언어로 설명할 수 없는, 세상을 초월해 있는 전적 타자인 데 반해, 후기 바르트의 하나님은 세상 속에 계시면서 인간적 언어로 인간을 만나시지만 그분의 은총과 사랑과 능력이 인간과 전적으로 다르다는 의미이다. 십자가에 계시된 하나님은 참으로 전적으로 다른 하나님이다. 그 하나님은 세상이 도저히 알 수 없는 전적 타자이신 하나님이다. 하나님께서 인간의 신이시고 인간을 위해 죽으신 신이라는 사실은 참으로 세상이 알 수 없는 하나님의 은총의 전적 타자성이다.

# 제 3 장

## 몰트만(J. Moltmann) 신학의 구조와 특징들

# Ⅰ. 저술들을 통해 본 몰트만의 신학의 구조

몰트만(J. Moltmann)은 자신의 책『삼위일체와 하나님의 역사』
(*In der Geschichte des Dreieinigen Gottes*)의 제3부 "내가 걸어온 신학
의 길"이라는 항목에서 자신의 신학 여정을 크게 세 시기로 구분
하고 있다.[41]

첫째 시기는 '하나의 초점에 맞춘 전체 신학'을 추구한 시기로서
이 시기에 쓰인 대표적 저서로는『희망의 신학[42]』(1964년),『십자
가에 달리신 하나님』(1972년),『성령의 능력 안에 있는 교회』(1975
년)가 있다. 몰트만은 이 세 권의 책의 관계를 다음과 같이 말한다.

---

41) Jürgen Moltmann, *In der Geschichte des Dreieinigen Gottes*, 이신건 역,『삼위일체와 하나
님의 역사』(서울: 대한기독교서회, 1998), pp.327 - 356.

42) "희망의 신학은 결코 낙관주의가 아니다. 희망은 보람 있는 삶에 대한 사랑을 의미한
다. 우리는 무감각으로부터 우리를 구해 내야 하며, 삶에 대한 경외감과 책임성을 보
여 줄 수 있는 힘을 희망 속에서 밝히 본다. 우리는 죽음을 거부하는 미래의 설계도
를 희망 속에서 얻고자 한다. 희망은 사랑하면서 사랑받는 생명으로 다시 태어남으로
써 얻는 선물이다. 인간성과 박애성의 완전한 의미에 있어서 우리가 인간적으로 살기
시작할 때, 그리고 십자가에 못 박히신 그분의 뒤를 따른다는 의미에서 기독교적으로
실존하기 시작할 때, 그때 우리들 한가운데 희망이 일어난다. 오늘날 우리에게 있어
서 희망한다는 것은 죽음 가운데서도 삶을 향하여 긍정의 '예(Ja)'를 말하고, 불안 가
운데서도 사랑하고, 원자무기의 위협 속에서도 자녀를 가지며, 강대국 간의 군비경쟁
가운데서도 평화를 계획할 수 있는 삶을 수납하는 것을 의미한다." Jürgen Moltmann,
*Perspektiven der Theologie I*, 전경연 · 김균진 공역,『신학의 미래 I』(서울: 대한기독교서
회, 1998), pp.7 - 8.

마지막으로 나는 『성령의 능력 속에 있는 교회』에 관한 이 책과 나의 이전의 책들, 『희망의 신학』(1964), 『십자가에 달리신 하나님』(1972)과의 관계에 대해서 한마디 언급하지 않을 수 없다. 그것은 마치 내가 신학적으로 부활절과 기독교 희망의 기초에서 출발하여 성(聖)금요일과 하나님의 고난의 해명을 거쳐서 성령 강림절과 성령의 보내심에 온 것같이 보인다. 그러나 이것은 확실히 너무나 교회력의 차례에 따른 생각일 것이다. 이 세 책들의 기초를 이루는 강의들은 이 차례에 따라서 주어진 것이 아니었다. 그렇기 때문에 이 책들은 서로 맞붙어 있고, 그 내용들은 중첩된다. 그러나 세계에 대한 하나님의 해방하는 역사를 보다 잘 이해하기 위해서 나는 신학적으로 한 책으로부터 다른 책으로 강요를 당했고, 전망들을 바꾸지 않을 수 없었다는 것은 옳다. 그렇기 때문에 나는 『희망의 신학』에서 '십자가에 달린 자의 부활'로, 『십자가에 달리신 하나님』으로부터 '부활하신 자의 십자가'로 강조점을 바꿨던 것이다. 만일 '성령의 보내심', 그의 메시아적 역사와 그의 교회의 카리스마적 능력이 부가되지 않았다면 이 두 전망들은 불완전했을 것이다. 그 점에서 '성령의 능력 속에 있는 교회'에 대한 이 책은 이전의 책들의 보충이 될 것이다.[43]

둘째 시기는 몰트만이 60년대 기독교 – 마르크스주의의 대화와 제3세계의 경험을 통해 가지게 된 '운동, 대화 그리고 갈등 속에서 형성된 신학'의 시기로 이는 정치신학이라는 열매를 맺게 된다.

마지막으로 셋째 시기는 몰트만 자신의 말처럼 1977년과 1978년 어간에 대화를 통한 참여 활동을 스스로 비판하고 능동적으로 이와 결별한 후, 조직신학을 위한 기여에 몰두한 '전체 신학에 대한 기여'의 시기이다. 이 시기에 몰트만은 자신의 '조직신학을 위한 기여'로서 일련의 책들을 저술하는데, 이러한 자신의 '신학을 위한 체계적 저술'을 그는 다음과 같이 설명한다.

---

43) Jürgen Moltmann, *Kirche in der Kraft des Geistes*, 박봉랑 외 4인 역, 『성령의 능력 안에 있는 교회: 메시아적 교회론』(서울: 한국신학연구소, 1984), p.6.

나는 정규적인 조직신학의 과제를 생각하게 되었고, 1980년부터 1995년까지 일련의 신학을 위한 체계적 저술을 썼습니다. 나는 (1) 풍부한 관계를 맺으시는 하나님에 관한 사회적 삼위일체론을 썼고(*Trinität und Reich Gottes*, 1980), (2) 위태로운 생태계의 위기 앞에서 안식일적인 창조론을 썼으며(*Gott in der Schöpfung*, 1985), (3) 도상(道上)의 기독론, 길 위의 기독론을 썼으며(*Der Weg Jesu Christi*, 1989), (4) 활력으로서의 생명의 영에 관한 책을 썼으며(*Der Geist des Lebens*, 1991), 그리고 (5) 종말에 이루어질 새로운 시작에 관한 그리스도교 종말론(*Das Kommen Gottes*, 1995)을 썼습니다.[44]

이에 덧붙여서 몰트만은 (6) 신학방법론에 관한 책으로서 『신학의 방법과 형식』(*Wege und Formen Christlicher Theologie*, 1999)을 저술하였다.

몰트만의 조직신학 구조는 '삼위일체론 – 창조론 – 기독론 – 성령론 – 종말론'의 순서로 나아간다. 이를 살펴보면 몰트만의 조직신학 구조는 '삼위일체 하나님 중심적'이라 할 수 있다. 먼저 삼위일체 하나님에 대한 전체적인 개괄을 한 후에 개별 항목으로 들어간다. 즉 성부 하나님, 성자 하나님, 성령 하나님에 대해 논하는 것이다. 그리고 마지막으로 기독교의 희망인 종말론을 말하고 있다.

또 다른 시각에서 보면 전체적 개괄로서 삼위일체론을 말한 뒤, '이 세상의 창조 — 이 세상에서의 삶(예수 그리스도와 성령) — 이 세상의 종말'을 논한다고도 말할 수 있다. 즉 역사 이전의 삼위일체 하나님을 말하고, 역사의 시작과 중간과 끝을 말하면서 이 모든 것의 알파와 오메가가 되시는 하나님을 말하고 있다고 볼 수도 있는 것이다.

---

44) Jürgen Moltmann, *Wie Ich Mich Geändert Habe*, 이신건 역, 『나는 어떻게 변하였는가』 (서울: 도서출판 한들, 1998), pp.34 – 35.

몰트만 자신은 자신의 '신학을 위한 조직신학적 기여'를 다음과 같이 정리한다. (1) 하나님에 대한 삼위일체적 이해, (2) 창조와 친교에 대한 생태학적 이해, (3) 그의 백성과 그리스도와 그의 살리는 영을 통하여 우리 마음속에 거하는 하나님의 내주(內住)에 대한 종말론적 이해[45]가 바로 그것이다.

## II. 몰트만 신학의 특징들

### 1. 십자가 신학

『희망의 신학』(1964)에서 모든 악(惡)과 고통에 대한 최종 승리의 근거로서 예수님의 부활을 전개시킨 몰트만은 『십자가에 달리신 하나님』(1972)에서는 부활의 반대 측면인 십자가에 초점을 맞추었다. 비록 몰트만을 이끄는 빛은 희망의 신학이지만 그는 희망의 신학의 반대쪽으로 생각되는 십자가 신학에 주의를 돌려야 할 필요성을 느꼈다. 몰트만은 십자가 신학이 자신의 신학적 사고를 이끌어 가는 중심점이라고 고백한다.[46] 몰트만에 의하면 하나님을 아는 오직 한 길은 십자가와 수치 속에 숨어 계신 하나님을 아는 것이다. 기독교적이라고 주장하는 모든 신학과 교회는 하나의 내적

---

45) Jürgen Moltmann, *Das Kommen Gottes*, 김균진 역, 『오시는 하나님: 기독교적 종말론』(서울: 대한기독교서회, 1997), p.17.

46) Jürgen Moltmann, *Der Gekreuzigte Gott*, 김균진 역, 『십자가에 달리신 하나님: 기독교신학의 근거와 비판으로서의 예수의 십자가』(서울: 한국신학연구소, 1979), p.7.

인 규범을 가지고 있어야 하는데 이 규범이 바로 십자가에 달린 그리스도인 것이다. 모든 신학적 인식은 바로 이 유일회적인 그리스도의 십자가와 부활 사건에 흠뻑 젖어 있어야 한다.[47] 몰트만은 십자가에 달린 그리스도만이 진정한 신학이요 하나님에 대한 지식이라고 말한다. 비록 하나님의 사역들을 통해 하나님에 대한 간접적인 지식이 가능하지만, 하나님의 존재는 오직 직접적으로 그리스도의 십자가 안에서만 보일 수 있고 알려질 수 있다. 교회가 진정 기독교적인 교회인가 아닌가 하는 것을 결정하는 것은 오직 그리스도 자신이다. 그리스도가 기준이다. 기독교 신학은 십자가의 그리스도를 떠나서는 구성될 수 없다. 십자가는 모든 신학의 기준이요, 표준이다.

몰트만은 십자가를 억압당하는 자들에게로 우리를 인도하여 주는 하나의 불변의 상징으로 여긴다. 그리스도는 멸시받고 버림받은 자들의 형제이며 가난하고 불쌍하고 억울한 자들의 고통에 자기 자신을 깊이 동일시한다는 사실을 우리는 놓쳐서는 안 된다. 만약 그리스도인들이 예수님의 발자취를 따르기를 원한다면 이런 자들과 연대해야 한다. 몰트만에 의하면 오늘날 그리스도인들이 십자가 신학을 껴안아야 하는 것은 명령에 속한 것이다.[48] 교회의 모든 애씀과 노력은 '인류의 해방(the liberation of humankind)'을 향해야 한다. 교회들이 자기의 주변에 있는 사

---

47) Jürgen Moltmann, '조직신학', Rudolf Bohren, ed., *Einführung in das Studium der Evangelischen Theologie*, 김정준 외 역, 『신학총론』(서울: 한국신학연구소, 1975), p.104.

48) William J. LaDue, *Jesus Among the Theologians: Contemporary Interpretations of Christ*(Trinity Press International, 2001), p.39.

회와 문화에 안주하면 안주할수록, 교회는 십자가를 떠나게 되는 것이다. 우리의 성만찬은 그리스도께서 세리와 죄인들과 더불어 식탁을 함께 하신 것처럼, 불의한 자들과 함께 축하되어야 한다.

## 2. 폐쇄적이지 않고 개방적이며 대화 지향적인 신학

몰트만은 『삼위일체와 하나님의 나라』에서 자신의 조직신학 저술을 '신학을 위한 기여'라고 명명한다. 이는 자신의 조직신학적 저술들이 '어떤 체계나 교의학을 의도하지 않음'을 나타내기 위한 몰트만의 의도가 담긴 말이다. 그는 체계(System)를 독자로 하여금 스스로 비판적인 사고를 하지 못하게 하고 독자적인 책임적 결단을 내리지 못하게 하는 것으로 비판한다. 체계는 주어지는 것이며 토론의 대상이 되는 것을 거부하기 때문이다. 몰트만은 도그마(Dogma)라는 말도 비판한다. 그것은 하나의 명령으로서 질문될 수 없고 부정될 수 없는 것이기 때문이다. 도그마는 듣는 사람에게 그 자신의 사고를 주입시키려고 하지 듣는 사람으로 하여금 사고하게 하지 않는다는 것이다. 대신에 몰트만은 자신의 '신학적 기여', '신학적 틀'을 '과거와 현재의 신랄한 신학적 대화'로 정의한다. 몰트만은 자신의 입장의 한계성과 상대성을 인정한다. 그는 다양한 사람들과 다양한 신학적 대화를, 사귐을 가지기를 소망한다. 그는 자신의 입장의 절대성을 전제하기를 포기한다. 진리는 방해받지 않는 대화를 통해 일어난다. 사귐과 자유는 하나님의 진리를 인식하기 위한 인간적 요소이다. 몰트만은 공명의 사귐을 강조한다. 몰트만은 대화의 자유를 소중히 여긴다. 진리는 여기서 생겨나는 것이다. 몰트만은 이 같은 사실을 다음과 같이 진술한다.

> 나는 우리 인간들에게서 진리는 대화적이라고 믿는다. 오로지 더불어 행하는 대화 속에서만 우리는 진리를 발견할 수 있다. 왜냐하면 우리는 오로지 다른 사람들과의 관계 속에서만 자신의 정체성을 발견할 수 있기 때문이다. 우리 자신을 이해하고 자아도취를 극복할 수 있기 위해서 우리에게는 항상 다른 사람들의 눈이 필요하다. ……만약 다른 사람들에 대한 이러한 경험과 우리를 바라보는 그들의 외부적 전망이 없다면 우리는 우리의 선입견의 감옥과 우리 자신에 대한 환상 속에 머물러 있게 될 것이다. 다른 사람들과 대화한다고 해서, 자신의 진정한 정체성을 상실하는 자는 아무도 없다. 오히려 모든 사람은 모든 사람들과의 대화 속에서 하나의 새로운 윤곽을 얻는다.[49]

진리는 오직 자유로운 대화 속에서만 수용되는 것이다. 대화 가운데 생겨나는 진리는 강요하지 않으면서 동의를 불러일으킨다. 이것이 몰트만의 신념이다. 이러한 대화 가운데서 가르치는 자와 가르침을 받는 자의 관계가 형제·자매의 관계로 재구성된다. 몰트만은 만약 기독교 신학이 이러한 대화를 가지지 않을 경우, 그리고 이러한 대화를 추구하지 않을 경우 시들어 죽게 될 것이라고 경고한다.[50]

---

49) Jürgen Moltmann, *Wer ist Christus für Uns Heute?*, 이신건 역, 『오늘 우리에게 그리스도는 누구신가?』(서울: 대한기독교서회, 1997), p.135.

50) Jürgen Moltmann, *Trinität und Reich Gottes*, 김균진 역, 『삼위일체와 하나님의 나라』(서울: 대한기독교출판사, 1982), pp.7 - 9.

## 3. 전통을 무시하지 않으면서 전통을 새롭게 조망하는 신학

몰트만은 대화, 무엇보다도 '전통과의 대화'를 소중히 한다. 몰트만은 현재 우리가 과거의 교부와 신학자들과 대화할 것을 강조한다. 우리는 현재 살아 있는 사람들로서 그들과 함께 토의해야 한다. 몰트만은 전통(tradition)을 가리켜 생명이 없으며 우리가 그것을 지배할 수 있는 그런 진리의 창고가 아니라고 말한다. 오히려 전통을 시대를 넘어서서 공동의 미래를 향하여 과거의 사람들과 계속 생동적으로 나누는 필연적인 신학적 대화로 정의한다.[51] 몰트만은 혼자 사고하지 않는다. 그는 전통을 존중한다. 그러나 그렇다고 해서 전통을 답습하지는 않는다. 그는 전통을 반복하지 아니한다. 오히려 몰트만은 전통과의 대화를 통해 전통을 발전시킨다. 전통을 심화시키고 풍요롭게 한다. 만약에 기독교 신학이 제자리걸음을 한다거나 과거만을 고집한다고 하면, 그리고 스스로의 현실 안주를 만끽하며 교리적 전통만을 고집한다고 하면 신학은 지루하고 고답적인 억지로 전락해 버리고 말 것이다.[52] 전통과의 대화를 통한 발전, 이것이 몰트만이 자신의 '신학에의 기여'에서 추구하는 바이다. 뿌리와 단절된 가지는 열매를 맺을 수 없다. 또한 나무는 뿌리만으로 구성될 수 없다. 뿌리와 가지와 열매는 하나로 연결되는 것이다.

---

51) Ibid., pp.9 – 10.

52) Rudolf Bohren, ed., *Einführung in das Studium der Evangelischen Theologie*, 김정준 외 역, 『신학총론』(서울: 한국신학연구소, 1975), p.98.

## 4. 타 기독교 전통을 비판적으로 수용하는 에큐메니칼적인 신학

몰트만은 전통과의 대화뿐만 아니라 교파, 문화, 정치적 한계를 뛰어넘는 신학적 대화와 사귐을 추구한다. 그는 오늘날 기독교 신학은 '에큐메니칼적인 사귐' 가운데 발전되어야 할 것을 주장한다. 우리는 더 이상 우리 자신의 전통과의 대화만으로 우리를 제한해서는 안 된다. 가능한 한 우리는 기독교의 다른 전통들을 고려해야 하며 우리의 전통이 보다 큰 에큐메니칼적인 사귐에 있어서 기여할 수 있도록 해야 한다. 우리는 우리보다 더 큰 전체를 인식하게 될 때 비로소 우리의 한계를 인식하고 그 한계를 뛰어넘을 수 있게 된다. 기독교 신학에서 우물 안 개구리는 있을 수 없다. '에큐메니칼적인 사고'는 다른 사람들을 반대하여 사고하는 것이 아니라, 다른 사람들과 함께, 다른 사람들을 위하여 사고하는 것을 의미한다. 몰트만은 이러한 에큐메니칼적인 신학을 수행하기 위하여 자신의 '신학에의 기여'를 저술함에 있어서 개신교, 동방교회, 서방교회 그리고 유대교의 전통까지 받아들이고 그것에 귀 기울이고, 그것을 비판적으로 수용한다. 이러한 타 전통과의 폭넓은 대화와 비판적 수용은 우리의 신학적 사고의 내용과 틀을 확장시켜 줄 것으로 기대되는 것이다.[53]

---

53) Jürgen Moltmann, *Trinität und Reich Gottes*, 김균진 역, 『삼위일체와 하나님의 나라』 (서울: 대한기독교출판사, 1982), pp.10-11.

# Ⅲ. 나가는 말

몰트만은 자신의 신학의 구상을 다음과 같은 표어로 요약하여 말한다. "나는 성서적인 근거를 갖는 신학, 종말론적인 방향을 갖는 신학, 정치적인 책임을 갖는 신학을 하려고 노력한다."[54] 몰트만의 신학은 한스 큉(H. Küng)의 말대로 시대에 부응하는 신학이었다.[55] 물론 '조직신학을 위한 기여'로서의 그의 저술들은 나름대로의 계획과 구조를 가지고 있지만 그럼에도 불구하고 몰트만의 신학은 현실과 대화하는, 자신과 대화하는, 자신에게 질문을 던지는, 그의 말을 빌리면 모험이요, 호기심의 신학인 것이다.[56] 그러면서도 그는 전통과의 관계를 공고히 하면서 이러한 신학 작업을 하였기에 흔들리거나 표류하지 않을 수 있었던 것이다. 큉의 말대로 '지평으로서의 세상'과 '기준, 척도로서의 그리스도교 사신(使信)'[57]은 기독교 신학의 두 상수이다.[58] 우리는 이 둘 중 어느 하나만을 강조할 수도 없고 강조해서도 안 된다. 우리가 믿고 섬기는 그리스도는 이 땅에 인간으로 오신 하나님이시다. 이런 의미에서 몰트만의 세상에 대한 책임을 갖는 신학은 그 의미가 크다 하

---

54) Jürgen Moltmann, *In der Geschichte des Dreieinigen Gottes*, 이신건 역, 『삼위일체와 하나님의 역사』(서울: 대한기독교서회, 1998), p.356.

55) Jürgen Moltmann, *Wie Ich Mich Geändert Habe*, 이신건 역, 『나는 어떻게 변하였는가』(서울: 도서출판 한들, 1998), p.116.

56) Jürgen Moltmann, *Das Kommen Gottes*, 김균진 역, 『오시는 하나님: 기독교적 종말론』(서울: 대한기독교서회, 1997), pp.18 – 19.

57) die Botschaft, message, embassy(중대한 사명). 메시지, 알림, 통지, 통고. die Frohe Botschaft(기쁜 메시지, 기독교의 복음)

58) Hans Küng & David Tracy ed., *Theologie – wohin?*, 박재순 역, 『현대신학은 어디로 가고 있는가』(서울: 한국신학연구소, 1995(4판)), pp.79 – 85.

겠다. 신학은 일종의 이론신학이 아니라 종교개혁 신학자들이 항상 강조한 대로 하나의 실천신학이다. 그러므로 교의학은 항상 사고에서 삶으로 이행하는 것임을 명심해야 한다. 사물을 단지 설명하는 것이 아니라 그것을 변혁하는 임무를 띠고 있다. 따라서 조직신학은 항상 참된 선포와 거짓된 선포를 구분하면서 오늘과 내일의 선포를 문제 삼아야 하는 것이다.[59] 몰트만은 가르쳐야 하는 교수의 모습 아래 설교하고 상담하고 격려하며 위로하는 목사가 여전히 늘 존재해야 한다고 역설한다. 그는 올바른 말보다는 바로 지금 여기에 적합한 말이 더 중요하고, 정확한 가르침보다는 차라리 구체적인 가르침이 더 중요하며, 순수한 이론보다는 실천적인 이론이 더 중요하다고 말한다.[60] 몰트만의 신학은 '삼위일체 하나님'과 '인간을 비롯한 창조세계'를 동시에 끌어안으면서 아픔과 연민을 가지고 수행한 신학이라 하겠다.

---

59) Rudolf Bohren, ed., *Einführung in das Studium der Evangelischen Theologie*, 김정준 외 역, 『신학총론』(서울: 한국신학연구소, 1975), p.101.

60) Jürgen Moltmann, *In der Geschichte des Dreieinigen Gottes*, 이신건 역, 『삼위일체와 하나님의 역사』(서울: 대한기독교서회, 1998), p.330.

# 제 4 장

## 몰트만(J. Moltmann)의 기독론

## 1. 몰트만의 기독론62)의 방법63)

지금까지 기독교 신학은 두 가지 형태의 기독론을 유지시켜 왔
다. 첫째는 희랍의 우주론적 관점에서 나온 '위로부터의 기독론'이
며, 둘째는 근대의 인간학적 관점에서 나온 '아래로부터의 기독론'
이다.

'위로부터의 기독론'은 초대교회로부터 시작된 가장 오래된 기독
론으로서, 신론으로부터 시작하여 인간이 되신 하나님의 아들에 관
해 진술하는 기독론이다. 이러한 위로부터의 기독론은 희랍의 우주
론적 사고64)의 영향을 받아 하나님의 영원한 아들, 영원한 신적
로고스(Logos)로 상정된 그리스도의 영원한 선재(先在)를 전제하고,
그리스도의 성육신과 십자가의 고난과 부활, 승천 등에 대해 다룬
다. 이 기독론에 근거한 초대교회의 기독론은 예수 그리스도의 영
원한 신성으로부터 출발하여 그의 성육신과 인간 존재에 대해 제
시하고자 한다.65)

---

62) 기독론에 초점을 맞춘 몰트만의 저서는 『십자가에 달리신 하나님』(*The Crucified God*)
과 『예수 그리스도의 길』(*The Way of Jesus Christ*)이다.

63) 몰트만은 '위로부터의 기독론'이나 '아래로부터의 기독론'이 아니라 '앞으로부터의 기
독론(Christologie nach vorne)'을 주장한다.

64) 희랍의 우주론적 사고에 의하면, 세계는 대우주(makrokosmos)이고, 인간은 소우주
(mikrokosmos)인데, 인간의 내적 본질 내지 구조인 로고스, 곧 이성은 우주의 구조와
일치한다. 즉 우주의 질서와 인간의 내적 질서는 상호 일치함으로써, 인간은 우주의
질서와 조화 속에 있는 것으로 가주된다.

'아래로부터의 기독론'은 근대의 인간학적 시대가 시작되면서 신이 세계의 모든 것을 지배하던 시대가 지나가고, 인간이 세계의 모든 것의 중심으로서 모든 것을 정복하고 지배하는 시대가 도래함으로 등장하게 되었다. 이러한 시대적 상황 속에서 근대교회의 기독론은 예수 그리스도를 더 이상 신적인 존재가 아닌, 인간적인 존재로 이해하였다. 여기에서 예수님은 하나님이 기뻐하시는 인류의 가장 원초적인 상과 윤리적 완전성의 초상(Vorbild), 곧 참되고 선한 인간의 모범으로 생각되었다. 즉 예수 그리스도는 신성(신적인 본성)과 인성(인간적인 본성)을 가진 하나님의 영원한 아들로 생각되기보다, 모든 인류가 지향해야 할 완전한 인간으로 이해되었다. 이처럼 예수 그리스도의 인성으로부터 출발하여 그의 존재와 사역을 파악하는 기독론을 아래로부터의 기독론이라 일컫는다. 아래로부터의 기독론의 대변자인 슐라이어마허(Friedrich Schleiermacher)에 의하면, 예수님은 우리 모든 인간이 도달해야 할 가장 이상적인 인간이요, 모든 인간의 원형(Urbild)이요, 제2의 아담이다. 이러한 아래로부터의 기독론은 그리스도를 하나의 이상적 인물이나 모든 인간이 추구해야 할 '하나님의 형상'으로 본다.

몰트만은 이러한 '위로부터의 기독론'과 '아래로부터의 기독론' 모두를 비판한다. 위로부터의 기독론은 성서의 전통과 비교할 때, 예수 그리스도의 신성에만 집중함으로써, 예수님의 인성과 공생애 사역의 인간적인 측면을 약화시킨다. 몰트만에 의하면 위로부터의 기독론은 구체적으로 다음과 같은 문제점을 가진다. (1) 위로부터의 기독론은 메시아를 약속하는 구약성서의 약속의 역사에 내포돼

---

65) 곽미숙, 「몰트만의 그리스도론에 대한 고찰」, p.1.

있는 기독론의 메시아적인 전역사(前歷史, Vorgeschichte) 내지 배경을 다루지 않는다. (2) 위로부터의 기독론은 그리스도의 탄생과 죽음 사이에 일어난 예수님의 지상의 생애와 구체적 사역(복음서에 기록된 활동들)에 대해 침묵한다. (3) 위로부터의 기독론에서는 영광 가운데 장차 오실 예수 그리스도 재림의 종말론적 측면이 배제된 가운데 부활하고 승천하신 그리스도께서 로마 제국의 제국교회(Reichskirche) 내에서 영광 받는 우주의 통치자로 찬양받는다. (4) 위로부터의 기독론은 하나님의 나라를 이 땅 위에 세우고자 했던 예수 그리스도의 수평적인 관심을 간과하고, 하나님의 무시간적인 영원을 중요한 관심사로 삼는 수직적인 방향을 취한다. 그리하여 위로부터의 기독론은 기독론의 메시아적 차원을 보지 못하고, 그리스도에 대한 명상(혹은 묵상) 속에서 그리스도와 신비적으로 연합하고 하나님의 무시간적인 영원을 경험하려는 심령주의적인 방향으로 발전하였다.

반면에 아래로부터의 기독론은 성서의 진술과 비교할 때, 예수 그리스도의 인성에만 집중함으로써, 그가 지닌 하나님의 아들로서의 신성을 약화시킨다. 몰트만에 의하면, 아래로부터의 기독론은 구체적으로 다음과 같은 문제점을 가진다. (1) 역사적 예수의 삶과 인격성만을 그의 테마로 삼고 있는 아래로부터의 기독론도 위로부터의 기독론과 동일하게 구약성서의 약속의 역사에 아무런 특별한 의미를 부여하지 않는데, 이는 '완전하고 참된 인간'으로 상정된 예수님이 유대인이었다는 사실을 충분히 인정하지 않는 데서 먼저 비롯된다. (2) 아래로부터의 기독론은 예수 그리스도를 하나님의 아들이 아닌, 인간의 모범이요, 윤리적 교사로 인식함으로써 기독론의 테마를 역사의 예수로 제한하는데, 이를 통해 기독론의 테마 자체가 상실되며, 기독론의 존립 자체가 위협을 당하게 된다. (3) 그러나 무엇보다도 아래로부터의 기독론에서는 예수 그리스도의 죽음과 함께 그의 실존이 끝나 버렸다는 데에 해결될 수 없는 심각한 문제들이 야기된다. 이에 예수 그리스도의 죽음이 지닌 특별한 구원의 의미, 곧 모든 인류를 대속하기 위한 십자가의 의미가 망각된다. 이를 통해 인류의 생명을 구원하는 하나님의 메시아로서의 사역이 설 자리를 잃게 된다.[66)]

다시 말해서 '위로부터의 기독론'은 "영원한 하나님이 어떻게 허무한 인간 속에 있을 수 있는가? 죽을 수 없는 하나님이 어떻게 십자가에서 고난을 받고 죽을 수 있는가? 또한 만일 아들이 아버지와 본질을 같이한다면 역사의 예수는 어떻게 이해될 수 있을 것인가? 어떻게 한계 없는 신적 본성이 동시에 하나의 실제적인 인간이 될 수 있는가?"와 같은 물음에 대답을 하지 못한다.[67)] 또한 '아래로부터의 기독론'은 "구원자로서의 예수의 절대성을 부인하고 그를 하나의 윤리적, 종교적 지도자로 전락시킬 수 있는 위험성을 가지고 있다."[68)]

몰트만에 의하면 성육신(incarnation)은 영원한 로고스의 한 인격 안에서의 신성과 인성의 결합을 의미한다. 이것은 전통적으로 영원하신 하나님의 아들에 의해 인격화되는 비인격적인 인성(the nonpersonal human nature having been personalized by the eternal

---

66) Jürgen Moltmann, *The Way of Jesus Christ*, 김균진 · 김명용 공역, 『예수 그리스도의 길』 (서울: 대한기독교서회, 1995(3판)), pp.109 - 110.

67) 윤철호, 『예수 그리스도(하)』(서울: 한국장로교출판사, 1998), p.267.

68) Ibid., p.268.

Son of God)이라는 어휘로 정의되었다. 관례적으로 예수님의 인성은 비위격적(anhypostatic)으로 기술되며, 그 안에서 그의 인격을 구성하는 중심은 영원한 아들 그 자신이다. 따라서 이러한 인간성은 무죄하며 불멸하는 것으로 여겨지며, 그의 무죄함에서부터 흘러넘치는 영혼과 육체의 탁월함이 부여된다.

몰트만은 예수님이 세상에 왔을 때 취하였던 비인격적인 인성은 우리가 확인하기 어려운 것이라고 말한다. 왜냐하면 그것은 우리의 인성과 다른 것이기 때문이다. 몰트만은 그리스도 안에 무엇이 진정으로 인간적인 것이고 무엇이 신적인 것인가를 살펴보기 위해서는, 그리스도의 인성과 신성에 대한 비위격성(anhypostasia)이나 내위격성(enhypostasia)과 같은 이슈들을 다루기보다, 예수님과 아버지의 관계성에서부터 시작하는 것이 더 좋다고 주장한다. 몰트만은 위로부터의 기독론과 아래로부터의 기독론 모두를 지양하고, 철저히 예수 그리스도의 역사로부터 하나님을 인식하는 십자가의 신학(Kreuzestheologie)으로부터 출발하고자 하며, 또한 예수 그리스도를 철저히 하나님 아버지와의 관계 속에서, 그리고 예수 그리스도의 부활의 빛에서 인식하고자 한다. 신약성서는 예수님의 인성과 신성 사이의 구분에 대하여 깊은 관심을 가지고 있지 않다. 오히려 그리스도와 아버지 사이의 친밀한 관계성에 집중하고 있다.


## 2. 예수님은 하나님이신가?

몰트만은 예수님에 대한 중요한 질문을 제기한다. 그는 진정으로 하나님이신가? 19세기 자유주의 신학자들은 예수님이 자신의 인간의 역사를 다 마친 후에 하나님의 아들(the divine Son)이 되었다고 주장한다. 그러나 요한복음 서문에는 그가 선재(先在)하는 말씀으로서 하나님이었다고 확신하고 있다. 비록 인간의 지식의 순서에 따라 그리스도가 그의 부활 이후에 하나님의 아들로 주장되었지만, 존재의 순서에 의하면 그는 영원부터 하나님의 아들이다.

예수님에게 물어진 첫 번째 질문은 "당신이 오실 그분입니까?"(마 11:2 - 6)였다. 그리고 예수님의 대답은 "눈먼 자가 볼 것이요, 저는 자가 걸을 것이요, 귀머거리가 들을 것이요, 가난하고 불쌍한 자에게 좋은 소식이 들릴 것이다."였다. 그는 자신의 인격(person) 안에 하나님의 나라가 도래하였다고 주장했다. 메시아의 시대가 도래하였으며, 이러한 것들이 메시아 시대의 도래의 표시(sign)라는 것이다. 이런 이유로 그는 유대교 지도자들에게 스캔들이었을 뿐만 아니라 위협이 되었던 것이다.

하나님의 나라가 도래했다는 그의 발언은 결국 그를 체포와 십자가로 이끌었다. 산상설교에서 행하신 "그러나 나는 너희에게 이르노니……"라는 여섯 개의 선언(마 5:22 - 45)은 모세의 율법을 능가하는 자신의 능력을 주장하는 것이었다. 또한 죄를 용서한다는 그의 주장(막 2:5 - 12)은 유대인들이 그를 신성모독으로 고발할 수 있는 빌미를 제공하였다. 왜냐하면 "하나님 외에 어느 누구도 죄를 용서할 수 없기 때문이다." 예수님은 통치의 권리를 가진 자로서 자기 자신을 율법 위에 위치시켰다. 예수님의 죽음은 유대의 율법과 전통에 대한 예수님과의 갈등의 결과였다. 히브리인들에게 예수님은 신성모독자였고, 잘못된 메시아였다. 로마인들에게 예수님은 반역자였고, 로마제국에 대항하여 반정부적인 선동과 반란을 주도한 죄인이었다. 그의 십자가 위에 달린 죄패(INRI; Iesus Nazarenus Rex Iudaeorum, 유대인의 왕 나사렛 예수)는 로마의 권위에 도전하는 적(敵)임을 가리키고 있다.

몰트만은 예수님의 십자가의 죽음의 이유를 예수님의 삶과 활동의 빛 아래에서 해석하고자 한다. 예수님의 죽음의 첫 번째 이유는 '종교적 이유'로서 예수님과 그 사회의 지배적인 율법 이해 사이에 일어난 신학적 충돌 때문이었다. 이 신학적 충돌은 다음 두 가지 관련 속에서 생겨났다. 첫째, 율법과의 관련하에서 예수님은 하나님을 상실한 인간을 향하여 종말론적으로 오셔서 율법의 명령에 대해 자유케 하며, 율법에 선행하는 사랑으로 이 인간을 긍휼히 여기는 분으로 선포하셨다는 것이다. 그리고 예수님은 그의 활동에 있어서 주권적으로 그 당시 율법 이해의 한계를 무시하였으며(예를 들면, 산상수훈의 반제들과 안식일의 계명 위반), 죄를 용서하여 줌으로써 하나님의 종말론적 권위를 역력히 보여 주었다. 율법으로부터의 그의 자유는 바로 죄를 용서하여 주는 행위들에서 그 정점에 이른다. 둘째, 예언자들과 묵시문학이 지닌 희망의 양상들과의 관련 속에서도 예수님의 출현과 행동은 하나의 새로움이었으며, 이 새로움은 반대를 초래할 수밖에 없었다. 유대교의 기대에 의하면 사람의 아들은 마지막 심판 때에 단지 죄인의 심판자요 의로운 자의 구원자로 출현하는 데 반하여, 예수님의 구원은 바로 죄인들과 타락한 사람들에게로 향했다는 것이다. 따라서 그의 처형은 율법과의 충돌이 초래한 필연적 결과로 생각할 수밖에 없는 것이다. "예수님은 하나님 없는 자들로 간주되는 자들 중의 한 사람"

으로서 율법과 신앙의 수호자들에 의해 '하나님의 모독자'로서 심판을 받았다.

또한 몰트만은 십자가에 못 박히신 예수 그리스도를 '정치적 선동자'로 인식하며 예수님의 역사의 두 번째 신학적 차원을 한 종교적 - 정치적 세계 내에 있는 예수님의 복음의 정치적 차원이라고 확정하고 있다. 몰트만의 '선동자'로서의 예수님의 이해는 정치적 혁명가 이상의 깊이를 지니고 있다. 예수님은 단지 예루살렘 내의 평안과 질서라고 하는 전략적 이유에서 로마인에게 처형된 것이 아니라, 사실에 있어서 로마의 평화를 보장하여 주는 국가 신들의 이름으로 십자가에 달렸다는 사실이다. 그 당시 세계에 있어서 로마제국은 하나의 종교적 - 정치적 질서를 의미하였다. 예수님은 빌라도에 의하여 정치적 모방자요 열광자로 심판받았다. 로마법에 의하면 십자가 형벌은 로마제국의 사회적, 정치적 질서를 어지럽히는 반란에 대한 형벌이었다.[69]

세 번째 차원으로 몰트만은 예수님은 근본적으로 그리고 가장 깊은 차원에 있어서 '하나님의 버림받은 자'로서 그의 아버지로 인하여 죽었다는 것이다. 몰트만은 이 세 번째 차원이 가장 중요하다고 본다. 왜냐하면 여기에서 예수님의 고난과 죽음의 본래적이고 내적인 고통이 이해되기 때문이다. 예수님은 궁극적으로 하나님 아버지 때문에 죽었다. 그가 당한 고통 중의 고통은 하나님으로부터의 버림받음이었다. 그래서 몰트만은 십자가에서 일어난 사건을 이미 예수님의 삶의 컨텍스트 속에서 예수님과 그의 하나님 사이에 또한 반대로 그의 아버지와 예수님 사이에 일어난 사건으로 이해

---

69) O. Cullmann, *Jesus und die Revolutionaren Seiner Zeit*, 1970, p.47 참고.

할 수밖에 없다는 것이다.[70]

몰트만에 의하면 예수님의 주장과 그의 인간적인 위치 사이의 이러한 갈등은 궁극적으로 부활을 통해 해결되었다. 부활을 통하여 그리스도는 다니엘 12장 2 - 3절[71]에 암시된 일반적인 부활의 선취(先取)로서의 새로운 생명을 경험하였다. 십자가를 구원의 사건으로 비춰 주는 것은 바로 부활이다. 예수님은 우리의 죄를 위하여 죽었으며(롬 3:23 - 26[72]), 그의 죽음을 통해 불의한 자들을 위한 새로운 생명이 생겨났다고 바울은 주장한다. 예수님의 부활은 그의 하나님 됨을 증명하였으며, 희망 없는 자들에게 희망을 가져왔다. 유대인과 이방인 모두 그의 구원을 공유하게 된 것이다.

## 3. 메시아 기독론(Messianic Christology): 되어 감(becoming) 속에 있는 기독론

Veli - Matti Kärkkäinen은 자신의 책 『*Christology*』에서 몰트만의 기독론을 '메시아[73] 기독론(Messianic Christology)'이라 부른다.[74]

---

70) 윤철호, "몰트만의 기독론", 『신학과 문화』, pp.62 - 64.

71) "땅의 티끌 가운데서 자는 자 중에 많이 깨어 영생을 얻는 자도 있겠고, 수욕을 받아서 무궁히 부끄러움을 입을 자도 있을 것이며, 지혜 있는 자는 궁창의 빛과 같이 빛날 것이요, 많은 사람을 옳은 데로 돌아오게 한 자는 별과 같이 영원토록 비취리라."

72) "모든 사람이 죄를 범하였으매 하나님의 영광에 이르지 못하더니 그리스도 예수 안에 있는 속량으로 말미암아 하나님의 은혜로 값없이 의롭다 하심을 얻은 자 되었느니라. 이 예수를 하나님이 그의 피로 믿음으로 말미암아 화목제물로 세우셨으니 이는 하나님께서 길이 참으시는 중에 전에 지은 죄를 간과하심으로 자기의 의로우심을 나타내려 하심이니 곧 이때에 자기의 의로우심을 나타내사 자기도 의로우시며 또한 예수를 믿는 자를 의롭다 하려 하심이라."

73) 몰트만은 사울과 다윗에게서 기원한 왕권제도로부터 생겨난 유대인의 메시아 대망사상의 맥락 안에서 자신의 연구를 시작한다. 다윗 왕에게 들린 나단의 예언(삼하 7:3

메시아는 '하나님의 종말의 구원을 실현하는 자'이다. 그러므로 메시아라는 말은 종말적인 의미를 가진다. 몰트만의 기독론은 종말을 향해 나아가는 기독론이다. 이는 그의 기독론이 과정적이며 되어감 속에 있으며 도상(道上)의 기독론임을 말하는 것이다. 몰트만은 『예수 그리스도의 길』(*Der Weg Jesu Christi*)에서 자신의 기독론의 방향을 다음과 같이 기술하고 있다.

> 나는 더 이상 그리스도를 두 본성(신성과 인성)을 지닌 인격이나 역사적 인격성으로 파악하지 않고 역동적으로 하나님과 세계의 역사 과정 속에서 파악하고자 한다. 나는 하늘의 영원한 기독론을 원하지 않는다. 오히려 역사의 갈등 속에서 도상에 있으며 방향을 찾고 있는 인간을 위한 기독론을 원한다.[75]

몰트만은 『예수 그리스도의 길』에서 예수 그리스도의 지상의 사

-16)은 계속되는 왕권에 대한 약속을 계시한다. 다윗은 왕과 제사장으로 여겨졌으며, 그의 후손들은 항상 가난하고 불쌍한 자들의 권리를 옹호하였다. 북왕국이 아수르에 의해 멸망당한 이후(B.C. 722-721), 메시아에 대한 이미지는 왕의 이미지의 자리를 차지하게 되었다. 이사야는 메시아의 모습을 평화의 나라를 건설하고 억압당하는 자들을 보호하는 분으로 묘사한다(이사야 9:2-7). 미가와 스가랴에서는 그의 영역이 바다에서 바다까지 이르는 것으로 기술되며, 하나님의 오심의 길을 준비하는 것이 바로 메시아 자신이다. 바벨론 포로기(587-539 B.C.E.) 이후에, 메시아에 대한 희망과 인자(the Son of man)에 대한 기대가 점차적으로 미래에 대한 하나의 비전으로 융합되었다. 메시아 왕의 오심에 대한 희망이 사라지는 가운데, 제사장으로서의 모습이 중심을 차지하게 되었다. 제2이사야 40-55장에서는 새로운 하나님의 종이 자신의 고난을 통하여 구원의 기능을 행사하는 것으로 묘사되며, 그의 백성들은 그 땅의 가난하고 불쌍한 자들이다. 세례 요한이 예수님이 오실 그분인지 아닌지를 물어보았을 때, 그리스도는 자신의 표적(signs)과 기사(wonders)를 열거함으로 응답하였다. 비록 예수님이 자신의 메시아 됨을 드러내는 길을 걸어갔지만, 유대인들은 예수님을 메시아로 받아들일 수 없었다. 하나님은 이방인들의 충만한 수가 차기까지 유대인들의 마음을 굳게 하였다. 그러고 나서 이스라엘 전체가 정말로 구원을 받을 것이다(롬 11:25). William J. LaDue, *Jesus Among the Theologians: Contemporary Interpretations of Christ*(Trinity Press International, 2001), p.43.

74) Veli-Matti Kärkkäinen, *Christology*(Baker Academic, 2003), p.147.

75) Jürgen Moltmann, *The Way of Jesus Christ*, 김균진 · 김명용 공역, 『예수 그리스도의 길』 (서울: 대한기독교서회, 1995(3판)), p.9.

역으로부터 그의 파루시아까지의 여정을 그리고 있다. 여기서 예수 그리스도는 메시아적 미래를 향해 가고 있는 것으로 묘사된다. 몰트만은 '되어 감 속에 있는 그리스도(Christ - in - his - becoming)'를 생각하고 있다. 여기에는 '그의 지상의 임무, 십자가, 부활, 현재의 우주적 통치, 그리고 파루시아'라는 다섯 단계가 있다. 몰트만은 기독론의 발전 속에서 세 개의 단계를 생각하고 있다. 먼저 예수님은 하나님의 그리스도(메시아)로 인식된다. 그다음에 하나님은 예수님을 죽음으로부터 일으키신 예수님의 아버지로 공언된다. 즉 예수님은 하나님의 아들인 것이다. 마지막으로, 그리스도의 현존은 생명을 주시는 성령 안에서 경험된다.

제자들로부터 질문을 받았을 때(누가 9:20 - 21), 예수님은 자신이 그리스도라는 것에 대해서 긍정도 부정도 하지 않고 자신의 고난을 예언함으로 응답하였다. 그의 역사가 답변을 제공할 것이다. 예수님의 인격(person)에는 세 가지 차원들이 있다고 몰트만은 주장한다. 예수님의 '종말론적 인격'은 그를 이스라엘의 메시아로, 열국(the nations)의 인자(the Son of man)로 확인한다. 예수님의 '신학적 인격'은 그가 하나님 안에, 하나님이 그의 안에 살고 있는 하나님의 자녀(the child of God)로서 그를 계시한다. 마지막 차원은 예수님의 '사회적 인격'이다. 이것은 그를 가난하고 불쌍한 자들과 권리를 빼앗긴 자들의 형제(the brother)로 보여 준다.

고난 받고 십자가에 달리신 그리스도를 통하여 하나님은 인간의 고통과 고난에 대한 자신의 연대성을 드러내신다. 그리스도의 죽음은 화해를 가져오고, 그의 부활은 새 창조에 대한 선취이다. 부활을 통하여 하나님은 모두에게 미래를 열어 두신다. 심지어 죽은 자들에게도 친교가 제공되며, 성령의 능력은 그들을 최후의 적인 죽음으로부터 해방시킨다.(벧전 3:19 - 20)[76] 예수님의 해방시키는 주권은 그가 나라를 아버지의 손에 넘길 때, 그리하여 하나님이 만유 안에 만유가 되실 때에(고전 15:28[77]), 온전히 성취될 것이다. 이러한 우주적 그리스도의 모습은 에베소서와 골로새서의 첫 번째 장에서 묘사된다.


## 4. 삼위일체적 기독론: 예수의 고난 - 하나님의 고통

몰트만은 삼위일체 신학자이다. 몰트만은 예수 그리스도의 인격 (person)과 사역(work)을 언제나 삼위일체적인 패러다임 속에서 다룬다. 예수님의 인격과 사역은 단지 예수님 자신의 개체적 인격, 개체적 사역이 아니라, 그가 '나의 아버지'라고 부르는 하나님과 성령과의 관계 속에 있는 삼위일체적인 관계적 인격, 관계적 사역 이었다. 십자가에서 발생한 사건은 하나님과 하나님 사이의 사건이 었다. 십자가는 하나님과 그의 정체성에 영향을 미쳤다. 십자가 이후의 하나님은 그 이전과 동일하지 않다. 삼위일체는 역사적이며 역사를 통해 달라지는 것이다. 몰트만이 생각하는 하나님의 삼위일체란 성부, 성자, 성령 하나님이 사랑과 사귐의 평등한 관계 안에서 서로 하나(unity)를 이루지만, 자신의 고유한 인격성 속에서 서

---

76) "그가 또한 영으로 가서 옥에 있는 영들에게 선포하시니라. 그들은 전에 노아의 날 방주를 준비할 동안 하나님이 오래 참고 기다리실 때에 복종하지 아니하던 자들이라."

77) "만물을 그에게 복종하게 하실 때에는 아들 자신도 그때에 만물을 자기에게 복종하게 하신 이에게 복종하게 되리니 이는 하나님이 만유의 주로서 만유 안에 계시려 하심이라."

로 구분됨으로써 각자의 주체성과 독립성을 지니심을 말한다. 그러나 삼위일체 하나님은 한 몸을 이루시는 가운데 서로 함께 모든 일을 행하시므로 창조, 구원, 성화는 각 위격들의 독자적인 사역이 아닌, 삼위일체 하나님의 공동 사역이라고 말할 수 있다.

이처럼 성부, 성자, 성령이 서로 나누어질 수 없이 하나를 이루고 있음에도 불구하고 지금까지 기독교 신학의 역사에서 예수님의 십자가 고난과 죽음은 예수님 자신만의 고난과 죽음으로 이해되는 경향이 지배적이었다. 전통적으로 신학은 완전하신 하나님의 고통에 대해서 말할 수 없었다. 캔터베리의 안셀름(Anselm of Canterbury, 1060 - 1109)은 완전하고 무한하신 하나님은 고통받거나 고통을 느낄 수 없다고 말했다. 이와 같이 초대교회가 예수님의 고난과 죽음을 성부의 고난과 연결시킬 수 없었던 주된 이유는 고대 희랍사상으로부터 영향을 받은 초대교회의 하나님 상(像)에 있었다. 고대 희랍의 이원론적 사고에 의하면, 인간은 존재적인 결함으로 인해 고난과 고통을 당할 수밖에 없는 존재인 반면, 신(神)은 완전하므로 고난과 고통을 당할 수 없는 존재, 곧 '무감정의 신(deus apatheticus)'으로 생각된다. 여기서 신(神)의 완전성은 특히 '무감정(apatheia)'에 있는 것으로 생각되는데, 신(神)은 무감정하기 때문에 인간처럼 욕구를 갖지 않으며, 욕구로 인해 고통을 당하지 않는다. 한마디로 말해 "신성은 고난을 당할 수 없다."는 것이다.

그러나 세계대전 이후 신학자들은 성경에 근거하여 고통받는 하나님에 대해 말하기 시작했다. 구약성경에 따르면 하나님은 자신의 백성들의 삶에 참여하시며, 기뻐하시고 슬퍼하시며, 심지어 후회하시고 자신의 마음을 바꾸기도 하신다. 몰트만은 하나님의 고통에 대하여 말해야 한다고 주장한다. 하나님은 십자가 위의 그리스도의 고통 안에 자신을 동참시켰다. 하나님은 십자가의 고통과 수치 속에서 결정적으로 그리고 최종적으로 계시된다. 하나님의 고통은 사랑의 본성을 생각하게 한다. 고통은 하나님이 진정한 사랑이요, 열정적이라는 사실을 말해 준다. "고통받지 않는 하나님은 인간보다 불쌍한 존재이다. 왜냐하면 고통받지 않는 하나님은 참여할 수 없는 존재이기 때문이다. 고통과 불의가 그에게 영향을 미치지 못한다. 그는 무감각하기에 어떤 것에도 흔들리거나 영향을 받지 않는다. 그는 울 수도 없다. 왜냐하면 그에게는 눈물이 없기 때문이다. 고통받을 수 없는 자는 사랑할 수도 없다. 그러므로 그는 사랑 없는 존재이다." 세상의 고통을 느낄 수 있고 경험할 수 있는 하나님은 십자가의 고통에 동참하신다. 이것 바로 그리스도 안에서의 하나님의 세상과의 사랑의 연대성이다.

몰트만의 가장 가치 있는 기여 중의 하나는 성부 하나님 자신이 예수님의 고통 속에서 그리스도와 함께 행동했고 고난 받았다라고 하는 그의 계속되는 주장이다. 몰트만은 하나님이 그리스도 안에서 세상과 자기 자신을 화해시키셨다고 하는 고린도후서 5장 19절의 바울의 주장을 인용한다. 성부는 예수님의 고난과 죽음 안에서 자신을 계시하신다. 그리고 불신자들과 하나님을 무시하는 자들의 아버지가 되신다. 십자가는 진정으로 아들과 아버지 사이의 사건이며, 그 안에서 하나님 안에서의 변화가 드러난다. 아들은 고통을 당하시고 아버지는 다른 방식으로 고통을 당하신다. 아버지의 고통은 사랑의 고통이다. 아버지와 아들 사이의 고통의 교환을 통하여 십자가는 인간들을 향한 성령의 운동을 가능하게 한다. 몰트만에 의하면 마틴 루터는 끊임없이 십자가의 신학을 강조하였으며, 그것이 행위에 대한 강요 아래에서 노예로 살고 있는 인간들의 해방으로 나아간다는 것을 지적하였다.

고통당할 수 없는 하나님은 참여할 수 없는 존재이며, 사랑 없는 존재이다. 초기의 에큐메니칼 공의회에서 하나님은 불변하며 고통당하지 않는 분으로 묘사되었다. 만약 하나님이 고통을 당할 수 없다면 그는 사랑할 수 있는 존재인가? 몰트만은 그럴 수 없다고 생각한다. 우리는 하나님에게서 사랑에 근거하고 있는 고통의 요소를 제거할 수 없다. 왜냐하면 사랑할 수 있는 자는 고통받을 수 있는 자이기 때문이다.

몰트만에 의하면 십자가의 교리는 진정으로 삼위일체 교리를 드러낸다. 아들은 버림받은 상태 속에서 죽음을 경험하는 반면에, 그를 인도한 아버지는 사랑의 무한한 슬픔 속에서 아들의 죽음을 고통당한다.

> 아버지에 의해 버림받은 아들의 고통과 죽음은 아들의 죽음 속에 있는 아버지의 또 다른 고통이다. 십자가 위에서 예수님과 그의 하나님과 아버지 사이에서 발생한 것을 이해하기 위해서는 삼위일체의 어휘를 사용해야만 한다. 아들은 죽음의 고통을 겪는다. 아버지는 아들의 죽음을 고통당한다. 여기서의 아버지의 슬픔은 아들의 죽음만큼이나 중요한 것이다. 만약 하나님이 예수 그리스도의 아버지로서 자신을 구성했다면, 그 역시 아들의 죽음 속에서 그의 아버지성(Fatherhood)의 죽음의 고통을 당하는 것이다.[78]

십자가의 경험 속에서 아버지와 아들은 가장 깊이 분리되었으나, 그들의 내어 줌(surrender) 속에서 가장 내적으로 하나가 되었다.

---

78) Jürgen Moltmann, *The Crucified God*, p.243.

아버지와 아들의 관계를 고려해 볼 때, 비록 성령의 역할이 분명하게 그려지지는 않았지만, 십자가의 죽음은 삼위일체적인 사건으로 묘사된다. 몰트만에게 있어서 십자가의 맥락 속에서의 이러한 삼위일체적인 강조는 내재적 삼위일체와 경세적 삼위일체의 구분을 제거한다. 하나님은 천국에 틀어박혀 있는 자기 충족적인 삼인조(Triad)가 아니다. 하나님은 인간들과 전 피조세계를 향해 언제나 손을 내어 뻗으시는 분이시다.

십자가 죽음의 맥락 속에서 하나님은 우리와 함께 고통당하시고 우리를 위해 중재하시는 인간적인 하나님이 되신다. 고통당할 수 없는 그리스의 신(神)개념은 기독론에 적지 않은 어려움을 야기했다. 정말로 신학이 이러한 딜레마를 다루게 된 것은 최근의 일이다. 만약 하나님이 불변하시며, 그 어떤 것도 필요치 않으신다면, 그러면 그는 친구도 필요 없을 것이다. 몰트만은 하나님은 의심할 바 없이 인간에 의해서 영향을 받으신다고 주장하는 유명한 유대인 성서학자 아브라함 헤쉘(Abraham Heschel)을 인용한다. 하나님은 인간성을 너무 진지하게 받아들이시는 나머지 인간들의 행위들에 의해 고통받으시며, 인간들에 의해서 상처도 받으신다. 무감정의 하나님은 헤쉘에 의해 거부되었다. 헤쉘은 하나님이 정말로 인간의 역사에 의해 영향을 받으시는 신적 파토스의 신학을 발전시켰다. 몰트만은 계속해서 빌립보서 2장 6－11절의 주제로 돌아간다. 거기서 하나님은 아들의 인격 안에서 제한적인 인간의 조건 속으로 들어오시는 분으로, 그리고 십자가를 통해서 우리의 하나님－버림받음(God－forsakenness)과 자신을 동일시하시는 분으로 묘사된다. 하나님께서 버림받은 자의 죽음을 짊어지심으로 잊힌 영혼

들은 하나님과 함께 하는 지속적인 친교(communion)를 공유할 수 있다.[79]

그리스도의 십자가는 하나님 안에 변화를 초래했는데, 혹자는 이것을 신적 '자기 제한(self-limitation)'이라 부른다. 하나님은 세상에 의존하시고, 세상은 하나님에 의존한다. 몰트만의 창조의 관점에 따르면 무한하신 하나님이 유한을 위해 자신 안에 공간을 만드셔야만 했다. 세상을 구원하시기 위해 하나님은 죄와 죽음이라는 하나님 없는 곳으로 들어가셔야만 했다. "죄와 죽음이라는 하나님을 저버린 곳에 들어가심으로 하나님은 그것을 극복하시고 그것을 자신의 영원한 생명의 부분으로 만드신다. '만약 내가 지옥에 있을 지라도 당신은 거기 계십니다.'(시편 139:8이하)." 하나님은 그의 무한한 존재 안에 유한을 포함하신다. "만약 삼위일체를 예수님의 고난과 죽음 안에 있는 사랑의 사건으로 인식한다면 삼위일체는 하늘에 있는 자기 안에 갇혀 있는 그룹을 나타내는 것이 아니라 그리스도의 십자가로부터 생겨난 지상에 있는 인간들을 위해 열려 있는 종말론적 과정이다."

## 5. 성령론적 기독론

몰트만에 의하면 예수님의 지상에서의 삶 동안의 예수님과 성령 사이의 친밀한 관계성을 이해하기 위해서는 '성령론적 기독론(a

---

79) William J. LaDue, *Jesus Among the Theologians: Contemporary Interpretations of Christ*(Trinity Press International, 2001), pp. 41-43.

Spirit Christology)'을 생각하는 것이 중요하다. 공관복음서에 의하면 예수 그리스도의 모든 활동은 하나님의 영, 곧 성령과 결부되고 있다. 성령은 예수님의 인간적 실존의 모든 중요한 순간 속에서 그를 인도하였으며, 지금은 부활하신 주님의 메시아적 책무를 수행한다. 예수님에게 그의 메시아적 의식을 준 것은 바로 성령이다. 니케아 회의에서 무시되었으나 오늘날에는 중요하게 여겨지게 된 것이 바로 이러한 성령의 지속적인 메시아적 차원이다. 그리스도 안에서의 성령의 현존은 예수님의 세례의 날부터 알려지게 되었고,(막 1:10)[80] 누가는 예수님이 성령에 의해 잉태되었다고 확증한다.(눅 1:35)[81] 따라서 그리스도와 아버지와 성령과의 관계는 시작부터 당연한 것으로 여겨지게 되었다. 예수님은 자신의 사역을 성령과 함께 시작하셨으며, 부활·승천하신 이후에는 성령으로서 현존하신다. 예수님은 아버지와 성령과의 친교 안에서 세상 속으로 들어오신다. 예수님과 함께 성령은 메시아적 아들 안에서 세상 속에 내주하시기 위해서, 그리고 신자들과의 친교 안에 내주하시기 위해 오신다. 또한 예수님 안에 있는 성령의 지속적인 현존은 하나님의 나라와 새 역사에 있어서 새 창조의 실제적 시작이다.

---

80) "곧 물에서 올라오실새 하늘이 갈라짐과 성령이 비둘기 같이 자기에게 내려오심을 보시더니"

81) "천사가 대답하여 이르되 성령이 네게 임하시고 지극히 높으신 이의 능력이 너를 덮으시리니 이러므로 나실 바 거룩한 이는 하나님의 아들이라 일컬어지리라."

# 6. 교회론적 기독론

몰트만 기독론의 두드러진 특징 중의 하나는 교회와 관계된다는 사실이다. 교회는 그리스도의 몸이다. 교회는 예수 그리스도의 교회이다. 몰트만은 자신의 교회론을 '메시아적이고 관계적인 교회론(a messianic and relational ecclesiology)'이라 기술한다. '메시아적'이라는 말은 '기독론적'이라는 말을 의미한다. 그리고 기독론적이라는 말은 항상 종말을 가리키는 말이다. 그러므로 그의 교회론은 '기독론적 토대에 종말론적 방향성을 가지는 교회론'이다. 교회는 예수 그리스도의 교회이다. 교회론은 오직 기독론으로부터만 전개될 수 있다.

그리스도에 대해 언급하는 것은 교회를 넘어 미래의 메시아 왕국을 가리키는 것이다. 따라서 그리스도의 교회는 '메시아적 친교 공동체(a messianic fellowship)'이어야만 한다. 그리스도의 교회로서 교회는 예수 그리스도의 역사에 대한 회상과 그의 나라에 대한 희망 사이에서 살아가고 있다. 교회는 그의 나라가 아니라 그의 나라의 선취(anticipation)이다.

예수 그리스도의 교회로서 교회는 주님의 역사와 운명에 함께 결부되어 있다. 고통과 기쁨의 변증법은 교회의 실존을 특징짓는다. 교회는 하나님의 기쁨과 평화의 나라가 도래하기까지 그리스도의 수난에 동참한다. "세상 속에서의 하나님의 고통은 하나님의 행복에로 가는 길이다." 고통과 기쁨의 변증법은 교회의 이중적인 본성이 된다. 교회는 '십자가 아래에 있는 교회'이며 또한 '자유와 기쁨의 축제의 교회'이다.

교회가 세상과 타자들을 위해서 살아가는 한 가지 방법은 그리스도의 직무(the offices of Christ)에 동참함으로 가능하다. 몰트만은 전통적인 개혁교의학을 따라 그리스도의 삼중직무를 예언자(사역), 제사장(죽음), 왕(부활과 다스림)으로 말한다. (1) 예언자적 과제에 있어서 교회는 예수님의 메시아적 선포와 사람들을 자유롭게 하는 그의 행동에 동참한다. 이것이 바로 교회의 해방시키는 사역이다. (2) 예수님의 수난에 동참하여 교회는 약자들과의 고통받는 연대성 속에서 십자가 아래에서 살아간다. (3) 예수님의 고양의 한 부분으로서 교회는 자유와 평등의 친교공동체로서 살아간다. 여기에 몰트만은 두 가지를 덧붙인다. (4) 첫째는 그리스도의 변형(Christ's transfiguration)으로서 예배와 축제의 미학적 차원을 강조하는 것이다. (5) 둘째는 그리스도의 교제(friendship)이다. 교회는 그리스도가 지상에서 죄인들과 버림받은 자들을 식탁의 교제에 초대했던 것처럼 자신을 개방하고 교제로 초대해야 한다.[82]

## 7. 우주적 기독론

몰트만은 「예수 그리스도의 길」에서 '우주적 기독론(kosmische Christologie)'을 제시한다. 우주적 기독론은 예수 그리스도의 통치 영역이 모든 만물에까지 미치며, 그의 구원(화해) 또한 인간과 자연을 포괄하는 모든 영역에서 이루어진다는 사실을 말하고자 하는 것이다. 몰트만에 의하면 이러한 우주적 기독론은 인간이 사려 깊

---

82) Veli-Matti Kärkkäinen, *Christology*(Baker Academic, 2003), pp.153-154.

게 자연과 화해할 수 있는 회개를 위한 영적 기초이다.[83] 우주적 기독론은 본래 성서와 고대의 신학에서 찾아볼 수 있는 사상이지만, 근대 서구 신학의 인간학적이고 역사적인 기독론의 발전으로 인해 하나의 사변이요, 신화로 멸시받아 왔다. 그러나 성서의 창조신앙이 비기독교 학자들에 의해 오늘날의 생태계 파괴의 장본인으로 비판받고 있는 오늘날 몰트만은 그 동안 무시돼 왔던 초대교회의 우주적 기독론의 지혜를 재발견하고, 이를 오늘날의 상황에 적절하게 재해석하고자 한다. 그는 먼저 초대교회가 증언하는 최초의 기독교의 전승을 살펴봄으로써 우주적 기독론을 다시금 부각시키고자 한다.

최초의 기독교의 전승 가운데 몰트만은 특히 바울서신에 나타난 우주적 기독론에 대한 진술들에 주목한다. 몰트만은 고린도전서 8장 6절[84]을 근거로 모든 사물들이 창조자 하나님에 의해서, 그리고 주님이신 그리스도를 통해서 창조되었기 때문에, 그리스도는 창조의 중재자로 이해될 수 있으며, 또한 세계의 창조 이전에 하나님과 함께 있었고 그를 통해 하나님이 모든 사물들을 지으신(잠언 8장) '지혜'와 동일시될 수 있다고 주장한다. 이러한 창조의 중재자이신 예수 그리스도는 창조의 유지자(보존자)이시기도 한데, 이는 바울의 아레오바고 설교에 잘 나타난다. 즉 유대인들을 향한 바울의 설교가 예수 그리스도를 이스라엘의 메시아로 선포하는 것

---

83) Jürgen Moltmann, *The Way of Jesus Christ*, 김균진 · 김명용 공역, 『예수 그리스도의 길』(서울: 대한기독교서회, 1995(3판)), p.426.
84) "우리에게는 한 하나님, 곧 아버지가 계시니, 만물이 그에게서 났고, 우리도 그를 위하여 있고, 또한 한 주 예수 그리스도께서 계시니, 만물이 그로 말미암고, 우리도 그로 말미암아 있느니라."

과 달리, 아레오바고 설교는 예수 그리스도를 보편적, 우주적 차원에서 인류의 '새 아담'이요, "우리가 그분 안에서 살고 움직이며 존재하는"(행 17:28) 창조의 유지자로 선포한다.

몰트만은 창조의 중재자이자 창조의 유지자이신 예수 그리스도의 죽음과 부활이 우주적 의미를 가지므로, 그것이 우주적 기독론에 대한 근거가 된다고 주장한다.[85] 골로새서 1장 20절[86]에 의하면, 예수 그리스도는 인간들의 화해를 위해서뿐만 아니라 세계, 곧 우주의 화해를 위해서도 죽으셨다. 몰트만은 두 가지 사유의 단계에 의거하여 우주적 화해를 말하고 있다. 첫째는, 하나님을 통한 예수 그리스도의 부활과 주님으로 세우심으로부터 이 세계 모든 사물들에 대한 하나님의 통치가 논리적으로 귀결이 되며, 둘째는, 인간과 자연이 상호 불가분리의 관계에 있기 때문에 자연의 구원 없이 인간의 구원 또한 있을 수 없다는 생각이다.


## 8. 결론


몰트만의 기독론은 '삼위일체적 기독론', '메시아적 차원의 기독론', '성령론적 기독론', '교회론적 기독론', '우주적 종말론적 기독론'이다. 그의 '삼위일체적 기독론'은 아버지와 성령과의 관계성 속에서 예수 그리스도를 인식하게 하였다. 그는 '그리스도의 메시

---

85) Jürgen Moltmann, *The Way of Jesus Christ*, 김균진 · 김명용 공역, 『예수 그리스도의 길』(서울: 대한기독교서회, 1995(3판)), p.395.

86) "그의 십자가의 피로 화평을 이루사 만물 곧 땅에 있는 것들이나 하늘에 있는 것들이 그로 말미암아 자기와 화목하게 되기를 기뻐하심이라."

아적 역사'를 되찾음으로써 구원의 의미를 메시아적 구원, 곧 종말론적인 세계 구원으로 회복시켰다. 그의 '교회론적 기독론'은 이 세상에 대한 하나님의 사랑과 새 역사와 새 창조의 사명을 그리스도의 몸인 교회가 수행해야 함을 다시 한 번 일깨워 주었다. 또한 그의 '우주적 기독론'은 자연을 하나님의 창조로 인식하고, 그리스도의 고난에서 우주적 화해를 보며, 그리스도의 부활에서 새 창조의 시작을 보고, 그리스도의 파루시아에서 창조의 완성과 우주적 구원을 인식한다. 이 우주적 종말에서 그리스도의 인격과 사역이 완성된다.

이와 같이 몰트만은 기독론과 삼위일체론과 교회론과 종말론을 훌륭하게 결합하였다. 또한 이러한 몰트만의 기독론은 오늘날의 생태학적 위기에 대한 적절한 응답으로서 '구원론적 기독론'이라고 할 수 있다. 몰트만의 구원과 화해의 개념은 그리스도의 고난과 부활의 의미를 더욱 풍성하게 해 주었다. 그리스도의 '고난'은 인간에게만 국한되는 속죄의 차원에 머물지 않고 전 우주의 화해를 가져오며, 그분의 '부활'은 하나님의 새 창조의 시작이며 또한 변혁의 힘으로 작용하며, 그분의 '재림'은 전 우주적인 화해와 새 창조를 완성하는 것이 되는 것이다.[87]

---

87) 윤철호, 『예수 그리스도(하)』(서울: 한국장로교출판사, 1998), pp.315 - 316.

# 제 5 장

삼위일체에서의 성령의 인격(person)에 관한 연구

# 들어가는 말

성령(the Holy Spirit)은 삼위일체 하나님의 세 인격(person) 가운데 가장 이해하기 어려운 인격이다.[88] 특별히 성령은 성부 하나님이나 성자 예수 그리스도와 마찬가지로 독립된 주체성과 인격성을 가진 하나님임에도 불구하고[89], 성령의 인격성에 있어서 많은 논란이 있어 왔다. 성령이 인격으로 표상되는지 아니면 하나의 능력으로 표상되는지의 문제는 신약성서에서도 확실하지 않다. 삼위일체론으로부터 출발할 때, 성령의 인격성은 증명된다기보다 주장된다.[90]

어거스틴은 성령을 성부와 성자 사이의 사랑의 끈(vinculum)이나 평화의 끈으로 이해하였다. 아리우스(Arius)는 성령을 "하나님이 사용하시는 에너지"[91]라고 하였다. 16세기의 소치누스(Socinus)의 경우 성령을 "하나님으로부터 영원히 흘러나오는 에너지"라고 주장하였다.[92] 판넨베르크(Pannenberg)도 성령을 능력장(Kraftfeld; a force

---

88) Michael Welker, "The Holy Spirit", *Theology Today*(Vol 46, No.1, April 1989), p.5.
89) 김명용, "성령은 누구신가", 『교육교회』(장로회신학대학교 기독교교육 연구원, 1986), p.497.
90) Jürgen Moltmann, *Der Geist des Lebens*, 김균진 역, 『생명의 영: 총체적 성령론』(서울: 대한기독교서회, 1992), p.356.
91) Richard Watson, *Theological Institutes* I, p.630. 황승룡, 『성령론』(서울: 한국장로교출판사, 1999), p.295에서 재인용.
92) 황승룡, 『성령론』 p.296. 소치니파 사람들은 성서의 권위를 기초로 하여 삼위일체론

field)으로 이해한다. 이러한 경우 우리는 인격적인(personal) 분으로 서의 성령을 어떻게 이해할 수 있겠는가? 이하의 글에서는 삼위일체에 있어서 성령의 인격(person)에 관하여 연구해 보고자 한다.

# Ⅰ. 삼위일체 개관

어거스틴은 "삼위일체를 부정하는 사람은 구원을 잃을 것이요, 삼위일체를 이해하려는 사람은 정신을 잃을 것이다."라는 말로 삼위일체 교리의 난해함을 표현하였다. 삼위일체[93]는 기독교의 독특한 신관(神觀)이요 신(神)이해이다. 기독교는 하나님을 단일신론이나 다신론이 아닌 삼위로 하나이신 하나님으로 이해한다. 성경에서 하나님을 가리켜서 한 분이라고 말하는 것은(신 6:4, 사 45:5)[94] 하나님밖에는 참 신이 없다고 하는 유일신(唯一神, Sole God)을 말하는 것이지 단일신(單一神, Mono God)을 말하는 것이 아니다.[95]

---

이 단지 교회론에 지나지 않는다는 역사적 주장을 제시하였다. 그들은 삼위일체라는 개념이 자가당착이라는 합리성의 원리를 들었다. 이들은 상기 두 가지의 이유로 삼위일체론을 거부하였다. 소치니주의자들은 신론에 있어서 유니테리언이 되었다. 그들은 삼위일체론에 근거한 예수님이 하나님이시라는 것과 그의 죽음이 인류의 죄를 대속하기 위한 것이라는 점을 비판하였다. 남정우 역, 『신학자사전』(서울: 한들출판사, 2001), p.176.

93) 삼위일체(trinity)는 tri(3)+unity의 합성어이다. 한자어로는 三位一體라 쓴다.

94) "이스라엘아 들으라. 우리 하나님 여호와는 오직 하나인 여호와시니……"(신 6:4) "나는 여호와라. 나 외에 다른 이가 없나니 나밖에 신이 없느니라."(사 45:5)

95) 왜 하나님은 구약성경에서 자기의 삼위적 본질을 분명히 계시하지 않으셨을까? 첫째, 성자 하나님이 이 땅에 보냄을 받기 전까지 삼위일체가 계시될 필요가 없었다. 삼위일체는 예수님께서 세상 속으로 들어오시는 행동을 통해 마침내 계시되었다. 둘째, 하나님께서는 이스라엘 백성을 그들이 살고 있던 지역의 다신교적 종교로부터 보호해야 할 필요성을 알고 계셨기 때문이다. D. James Kennedy, 차동재 역, 『명쾌하게

"모든 그리스도인의 신앙은 삼위일체에 근거한다."96) 삼위일체는 기독교 믿음의 총괄이며 요약이라 할 수 있다. 삼위일체는 그것으로 인해 기독교가 서고 넘어지는 중요한 교리이며 기독교적인 것과 비기독교적인 것을 구분하는 기준이다. 바르트는 삼위일체론의 중요성을 다음과 같이 말하고 있다. "모든 비기독교적 신론과 계시론으로부터 기독교적인 하나님과 계시론을 구별시키는 것은 근본적으로 삼위일체론이다."97)

## 1. 삼위일체 용어 설명

삼위일체를 나타내는 Trinitas라는 용어를 처음 사용한 사람은 터툴리안이었다.98) 삼위일체는 헬라어로 μία οὐσία τρεὶς ὑποστάσεις99)로 표현한다. 이는 '하나의 실체(본질) 세 인격(현실화)'이라는 의미이다. 아리우스와 논쟁을 벌여 니케아공의회(AD 325)에서 승리를 이끈 아타나시우스는 οὐσία와 ὑπόστασις를 같은 것으로 이해했다. οὐσία라는 용어는 보통 '한 신적 존재'를 지칭하기 위해서 '존재'라는 의미로 사용되었고 ὑπόστασις 역시 동일하게

---

풀리는 성경 속의 미스터리』(서울: 아가페출판사, 2001), p.232.

96) 아를르의 성 체사리우스, 『신경해설』(강론 9): CCL 103, 47.

97) Karl Barth, CD. I/1, 346.

98) Roger E. Olson & Christopher A. Hall, *The Trinity*, 이세형 역, 『삼위일체』(서울: 대한기독교서회, 2004), p.46.

99) ὑπόστασις는 형이상학적 의미에서 라틴어의 substantia, 영어의 substance 또는 essence, 헬라어의 οὐσία에 상당하였다. 그런데 그것이 나중에 사물의 구체적인 특별한 본성 또는 특징적 본성에 적용되게 되었고, 그래서 일반적 본성의 의미인 οὐσία의 반대가 되어 결국 person에 상당하게 되었다.

존재를 의미하였다. 그러나 갑바도기아 교부들, 특히 바실(Basil the Great, 330 – 370)에게서는 οὐσία와 ὑποστάσις의 개념이 다르게 등장한다. 즉 οὐσία는 원래의 의미대로 사용된 반면, ὑποστάσις는 인격[100]들의 의미로 사용되었다. 이로 인해 한 실체 안에 세 인격의 구분이 명확해지게 되었다. ὑποστάσις란 '실체의 공유 안에서의 독특한 특성들'을 의미한다. 예를 들어 베드로, 야고보, 요한의 각 개별자에게 사람이라는 보편어를 적용할 수 있듯이 하나님이라는 보편어를 성부, 성자, 성령에게 적용할 수 있다는 것이다. 그러나 베드로, 야고보, 요한이 서로 구별되듯이 하나님의 인격들도 서로 구별된다는 것이다. 갑바도기아 교부들은 ὑποστάσις를 '현실화'의 의미만 갖게 하였고, οὐσία는 그 현실화에 앞서 근저에 놓여 있는 존재 곧 각 개별 인격들이 공유하고 있는 '실체(본질)'의 의미를 갖게 하여 양자를 구별하였다. 이로 인해 삼신론(三神論)의 혐의를 안게 되었다.

서방교회에서는 헬라어인 μία οὐσία τρεῖς ὑποστάσεις를 라틴어로 una substantia[101] tres personae(πρόσωπον)로 번역하였다. ὑποστάσις의 의미가 개별적 특성을 가진 신적 존재로 이해되면서 ὑποστάσις를 personae으로 번역한 것이다. 그런데 personae에는 가면이라는 의미가 있어 양태론(modalism)[102]의 위험성이 내포되었다.

---

100) 인격은 삼위일체 내에서 실체가 존재하는 방식이다. 하나의 실체가 삼위일체 내에서 세 개의 인격으로 존재한다.

101) 어거스틴은 substantia보다 essentia를 선호하였다.

102) 한 분 하나님 안에 구별된 세 인격이 존재하는 것이 아니라 한 분 하나님이 역사 속에서 세 가지 양태로 나타나 세 가지 역할을 감당한다고 보는 이단적 이론. 대표적 주창자인 사벨리우스(sabellius)의 이름을 따서 사벨리안주의(sabellianism)라고 부르기도 한다. 하나님을 삼인격적인 신으로 보지 아니하고 단일 인격적 신으로 봄. 정성욱, 『삶 속에 적용하는 삼위일체 신학』(서울: 홍성사, 2007), p.22.

영어로는 one essence three persons(하나의 본질 세 인격)로 번역 되는데 person의 개념이 가면이 아니라 인격으로 이해되면서 오히 려 양태론보다는 삼신론 쪽으로 다시 기울어지는 듯하다. 그러나 오늘날의 인격의 개념, 즉 관계성의 의미가 첨가된 인격으로 person을 설명한다면 삼위일체에 대한 보다 훌륭한 설명과 번역으 로 인정받을 수 있을 것이다.

## 2. 내재적 삼위일체(the Immanent Trinity)와 경세적 삼위일체 (the Economic Trinity)

삼위일체는 기본적으로 '내재적 삼위일체(the Immanent Trinity)' 와 '경세적 삼위일체(the Economic Trinity)'[103]로 구분되어 설명되 곤 한다. 내재적 삼위일체는 본질적 삼위일체(the essential Trinity), 또는 존재론적 삼위일체(the ontological Trinity)로도 불리는데, 이는 성부와 성자와 성령 사이의 내적인 영원한 상호 순환(περιχώρησι ς)[104]의 관계를 말하며, 경세적 삼위일체는 창조와 구속과 완성을

---

103) '경륜적 삼위일체'라고도 한다.

104) 페리코레시스(περιχώρησις)는 공동내재성(co‐inherence), 상호 관통(intrapenetration) 을 의미하는데, χωρείγ(contain)이라는 단어는 하나님에 의해 창조된 모든 것들의 충만(또는 침투, pervasion)에 대한 하나의 기술적인 표현이었다. 모든 것에 편만하신 영으로서 하나님께서는 모든 공간에 편재하시며, 모든 확장된 물질을 담으신다. 즉 그는 전(全) 우주를 포용하신다(contain). 페리코레시스 교리는 삼신론의 발발에 대한 정통신학의 응답이었다. 김석환, 『교부들의 삼위일체론』(서울: 기독교문서선교회, 2001), p.249. 상호 간의 내주 곧 페리코레시스는 명사형은 '선회', '회전'을 뜻하며, 동사형은 하나에서 다른 하나에로의 활동, 차례차례로 돌다, 순회하다, 돌아다니다, 포용하다, 포괄하다의 뜻이다. 이는 서로 안에서의 안식과 함께 춤추는 윤무(輪舞)를 의미한다. 기독론에서 페리코레시스는 예수님의 신성(神性)과 인성(人性)의 속성의 교류를 의미하며, 삼위일체론에서 페리코레시스는 성부, 성자, 성령의 동질적이며 신

통해 세계 안에 현시되는 삼위일체를 말한다. 이러한 구분은 4세기 아리우스(Arius)와 아타나시우스(Athanasius) 사이의 논쟁에서부터 시작되었다고 할 수 있다.

311년에서 320년 사이에 알렉산드리아의 아리우스는 하나님의 아들은 피조물이기 때문에 아들은 하나님과 동일본질(homoousios)을 공유하지 않으며 다만 유사할 뿐(homoiousios)이라고 주장하였다.[105] 이렇게 주장하는 아리우스의 동기 가운데에는 그의 구원론이 있었다. "아리우스주의의 구원론 중심에는 창조자의 뜻에 순종하는 구원자가 있다. 그의 덕스러운 삶은 완전한 피조성과 모든 그리스도인들을 위한 구원의 길에 본보기가 된다."[106] 아리우스주의자들은 하나님의 자녀로 받아들여지는 공덕의 본보기를 그리스도에게서 발견하였다. 예수님은 우리와 마찬가지로 하나의 피조물이었다.[107] 아리우스의 구원관은 그리스도에 대한 우리의 모방에 의한 것이다. 예수님은 자신의 의지를 온전히 아버지의 의지에 순응시켰다. 우리도 우리의 의지를 아버지의 의지에 순응시킴으로써 예수님의 뒤를 따라갈 수 있다. 그리스도가 아들로 승격된 것은 순응에 대한 보상이었다. 아버지의 뜻에 순응할 수 있는 능력은 하나님을 믿는 사람들의 능력 안에 있다. 우리와 아들의 공통점은

---

적인 품격들의 상호 내주를 의미한다. Jürgen Moltmann, *Erfahrungen theologischen Denkens: Wege und Formen christlicher Theologie*, 김균진 역, 『신학의 방법과 형식』(서울: 대한기독교서회, 2001), pp.336 – 338.

105) Ted Peters, *God as Trinity*, 이세형 역, 『삼위일체 하나님』(서울: 컨콜디아사, 2007), p.100.

106) Robert C. Gregg & Dennis E. Groh, *Early Arianism: A view of Salvation*(Philadelphia: Fortress Press, 1981), x.

107) Ted Peters, *God as Trinity*, 이세형 역, 『삼위일체 하나님』(서울: 컨콜디아사, 2007), pp.102 – 103.

양자됨(adoption)이다. 이것이 그리스도인의 희망의 기초이다.[108) 그러나 결국 325년 니케아공의회는 아리우스의 입장을 정죄하고 동일본질을 정통의 입장으로 제출하였다.[109)

니케아공의회로 인해 그리스도의 신성을 둘러싼 논쟁은 일단락된 것처럼 보였지만 이어서 바로 성부와 성자가 동일본질이라면 과연 성부와 성자를 어떻게 구별할 수 있는가 하는 문제가 제기되었고 이러한 존재론적인 관점에서 성부와 성자의 관계를 찾는 가운데 교회의 삼위일체론 논의는 하나님의 구원 체험이라는 소박한 신앙고백의 맥락에서 벗어나 성부, 성자, 성령 사이의 내적 관계를 묻는 추상적인 탐구가 되어 버렸다.[110) 이제 삼위일체는 본래적으로 영원한 세 인격의 내재적 삼위일체와 우연적이고 시간적인 경세적 삼위일체로 나뉘지게 되었다.

토마스 아퀴나스 이후 중세신학에서는 삼위일체론은 하나님의 구원의 역사와 거의 단절되어 철저히 하나님의 내적 비밀에 대한 사변적인 탐구로 여겨지게 되었으며, 삼위일체에 대한 이러한 오해는 근대와 현대신학에서도 계속되어서 이 시기 동안 삼위일체론은 단지 하나님 안의 신비를 다루는 무의미한 사변이거나 신앙의 본질과는 거리가 먼 부수적인 교리로 간주되었다. 칸트는 '물 자체 (Ding an sich)'를 알 수 없다는 자신의 철학에 입각해서 삼위일체론을 아무 의미 없는 사변으로 생각하여 "삼위일체 교리는 비록 우리가 그것을 이해한다고 해도 아무런 실제적인 가치가 없으며,

---

108) Ibid., p.103.

109) Ibid., p.100.

110) 박만, 『현대삼위일체론 연구』(서울: 대한기독교서회, 2003), p.15.

그것이 우리의 모든 이해를 넘어선다고 할 때 그것은 더욱 우리와 관계가 없다."라고 하였다.[111] 19세기 자유주의 신학의 아버지 슐라이어마허는 삼위일체론을 기독교 신앙의 본질과는 거리가 먼 이차적 교리로 간주했다. 그에 의하면 삼위일체론은 기독교 신앙의 근거가 되는 절대자에 대한 절대 의존의 감정으로 표현되는 종교적 감정과 아무런 직접적인 관련이 없다. 삼위일체론은 기독교의 자기의식에 대한 직접적인 주장이 아닌 오직 부차적 교리에 불과하다. 슐라이어마허 이후 대부분의 자유주의 신학자들도 삼위일체론을 하나의 사변 또는 기독교 신앙의 부차적인 것으로 간주했다.[112]

그러나 이러한 삼위일체에 대한 오해는 20세기 들어 회복되기 시작하였다. 예수 그리스도의 계시경험에 입각한 칼 바르트의 하나님 이해와 "경세적 삼위일체가 내재적 삼위일체이고 내재적 삼위일체가 경세적 삼위일체이다(The economic Trinity is the immanent Trinity and the immanent Trinity is The economic Trinity.)."[113]라는 라너의 규정(Rahner's Rule)[114]에 의해서 내재적 삼위일체와 경

---

111) Immanuel Kant, *The Conflict of Faculties*, trans. Mary J. Gregor(New York: Abaris Books, 1979), p.65.

112) 박만, 『현대삼위일체론 연구』(서울: 대한기독교서회, 2003), p.16.

113) Karl Rahner, *The Trinity*(NY: The Crossroad Publishing Company, 1998), p.22.

114) 라너는 하나님의 내적 삶에 대한 지나친 관심을 갖는 것은 교회로 하여금 다시 삼위일체에 대해서 또한 삼위일체와 구원교리 사이의 본래적 관계에 대해 무관심하게 할 수 있다고 지적하였다. 그는 삼위일체와 구원의 관계를 규명함으로써 삼위일체가 보다 실천적이 되기를 원했다. 라너가 목적한 것은 기독교인의 삶을 포함하는 구원에 적절하지 못한 내재적 삼위일체에 대한 모든 사색을 피하는 것이었다. 라너에 의하면 내재적 삼위일체는 경세적 삼위일체의 배경(background)으로 간주되어야 하고, 경세적 삼위일체는 내재적 삼위일체의 실현(outworking)으로 간주되어야 하는 것이다. Roger E. Olson & Christopher A. Hall, *The Trinity*, 이세형 역, 『삼위일체』(서울: 대한기독교서회, 2004), pp.135 - 136.

세적 삼위일체는 다시 하나로 이해될 수 있게 되었다. 바르트에 의하면 삼위일체는 우리의 하나님 경험에 기초한다. 우리는 성부, 성자, 성령으로 하나님을 경험하며, 이는 하나님의 고유한 원계시에 속하는 것이다. 하나님께서 예수 그리스도를 통해 세상을 자신과 화해시켰다는 고백은 결국 삼위일체적 이해를 불러온다. 하나님은 자신을 삼위일체로 계시하고 계시며, 우리의 할 일은 이 계시를 분석하는 것이다.[115]

우리가 내재적 삼위일체와 경세적 삼위일체를 분리하여 생각할 경우, 만약 성자의 성육신이 일어나지 않았다고 한다면 현재 우리가 알고 있는 삼위일체 하나님의 존재가 달라지는 결론에 도달하게 된다. 그러므로 우리가 알고 있는 경세적 삼위일체 하나님이 바로 내재적 삼위일체 하나님이다.[116] 그러나 현재 우리의 하나님

---

115) Ted Peters, *God as Trinity*, 이세형 역, 『삼위일체 하나님』(서울: 컨콜디아사, 2007), p.62.

116) 이런 이유로 삼위일체 하나님의 제2위인 성자와 이 땅에서의 예수 그리스도를 동일시하는 사람들도 있다. 제2위인 성자가 육체 없이 로고스로 존재하다가 이 땅에 육신을 입고 성육신 하신 후 그 몸으로 부활하여 그 몸을 가지고 승천하셨는데, 그럴 경우 제2위이신 성자 예수 그리스도의 성육신을 기점으로 하여 하나님의 삼위일체 안에 변화가 생기게 되는 문제가 발생하게 된다. 다시 말해서, 성육신 전에는 성부, 성자, 성령 모두가 다 영(靈)으로 존재하다가, 성육신 이후 제2위의 부활과 승천 이후에는 '성부(영)-성자(영+몸)-성령(영)'으로 존재하게 되는 것이다. 이런 문제를 해결하고자 제2위인 성자는 원래부터 세상에서 우리에게 나타나신 나사렛 예수의 모습으로 존재하셨다고 보는 의견들이 있다. 부활하신 이후 육신을 가지고 시공간을 초월하셨던 그 모습이 바로 선재하시는 성자의 모습이라는 것이다. 하나님께서 인간을 하나님의 형상대로 창조하셨다는 것도 제2위인 성자의 모습을 따라 인간을 창조하셨다는 것이다. 테드 피터스는 다음과 같이 말한다. "삼위일체의 세 인격이 동일한 종류나 질서로 구성되었다고 주장할 필요는 없다. 인격을 정확하게 정의하고 이를 세 인격에 동등하게 적용해서 이들이 동일한 것으로 나타난다고 주장할 근거가 없다. 삼위일체란 각 인격의 민주적인 평등성을 보증하려는 문제로 촉발된 것이 아니다. 인격의 평등성이란 문제가 되지 않는다." Ted Peters, *God as Trinity*, 이세형 역, 『삼위일체 하나님』(서울: 컨콜디아사, 2007), p.34.
스탠리 그렌츠(Stanley Grenz)는 예수님의 선재(先在)를 말한다. "그렌츠에게 있어서 선재(preexistence)는 로고스가 아니라 예수님에게 연관된 것이다. 그렌츠

에 대한 인식은 인간의 부족함으로 인해 하나님에 대해 모두 알 수 없다는 한계 때문에 경세적 삼위일체 하나님과 내재적 삼위일체 하나님은 종말에 가서 일치를 이루게 될 것이다. 그럼에도 불구하고 종말에 나타난 하나님은 예수 그리스도 안에서 나타난 하나님과 다른 분이 아닐 것이다. 우리는 우리의 종말에 있어서, 시간 속에서 경험한 하나님과 다른 낯선 하나님을 만나지 않을 것이다. 종말에 계시된 하나님은 우리를 놀라게 하지 않으실 것이다. 바르트의 말처럼 "하나님은 자기 자신에 대해 상응하시는 분이시다(God corresponds to himself)."[117]

융엘(Jüngel)은 우리가 하나님을 성부와 성자와 성령으로 객관화하는 방식은 하나님이 실제로 존재하는 방식과 상응한다고 말한다.

---

는 성육신 속에서 인간의 형태에 대하여 우위에 있는 로고스의 선재라는 전통적인 선재의 이해방식에 동의하지 않는다. ……그렌츠에 의하면, 신약성서 속에서 선재는 나사렛 예수에게 속하는 것이지, 예수님과 분리된 영원한 존재 ─ 로고스이건 성자이건 간에 ─ 를 표명하는 것이 아니다. 나사렛 예수와 분리된 성자는 있을 수 없다. ……예수님은 영원부터 성자였다. ……그렌츠에 의하면 이러한 주장에는 다음의 세 가지 의미가 있다. 첫째, 예수님은 하나님의 영원에 속한다. 예수님의 선재는 그의 하나님과의 관계를 말한다. 예수님의 선재를 고백함으로 인해 우리는 이 인간 존재가 영원한 하나님이라는 사실을 선언하는 것이다. 비록 그의 지상의 삶은 짧았지만 그것은 영원한 하나님의 나타남이었다. ……둘째, 예수님의 역사적 삶은 그의 짧은 삶을 넘어 중요성을 지니고 있다. ……셋째, 예수님의 삶은 역사 그 자체의 이야기이다. 그의 삶의 이야기는 그의 지상의 삶 33년 그 이상을 포함한다." Veli ─ Matti Kärkkäinen, *Christology*(Baker Academic, 2003), pp.177 ─ 178.
몰트만은 세상과의 관계성 속에 나타나는 삼위일체 하나님의 역사와 삶을 이야기하는 가운데 내재적 삼위일체와 경세적 삼위일체의 구분을 배격한다. 몰트만에 의하면 나사렛 예수가 바로 제2위인 성자 하나님이시며 이로 보건대 하나님에게는 육체성, 인간성이 존재한다. 이는 성자에게만 해당하는 것이 아니고 성부에게도 성령에게도 해당되는 것이라 할 수 있다. 요한복음을 제외한 신약성경의 저자들은 신성과 인성의 결합이라든지, 또는 로고스 기독론을 말하지 않았다. 이 지상에서 그들이 경험한 예수님이 바로 성자 하나님이라는 것이 그들의 증언이었다.

117) Karl Barth, *Church Dogmatics*, 1/1(Edinburgh: T. & T. Clark, 1936, rep.1963), pp.400 ─ 440.

융엘에 의하면 경세적 삼위일체에 참인 것은 상응의 원리를 통해 내재적 삼위일체에서도 참이다.[118]

라쿠냐에 의하면 "우리는 그림자 같은 하나님의 상(象)은 모르지만 진실로 살아계신 예수 그리스도의 하나님은 안다. 구원하시는 하나님, 이분만이 진실로 하나님이시다."[119] 라쿠냐는 내재적 삼위일체와 경세적 삼위일체를 theologia와 oikonomia로 설명한다. 그녀에 의하면 우리가 하나님을 아는 것은 하나님의 경세적인 활동 때문이다. 영원한 하나님의 존재에 대한 인간의 인식인 theologia는 하나님의 oikonomia 속에 나타난 계시로부터 우리가 배운 것과 같은 것이어야 한다. 신비하고도 이해할 수 없는 theologia의 하나님은 하나님 자신을 표현하고 공유하는 oikonomia 가운데 계신 하나님이다. 하나님의 oikonomia는 하나님의 theologia를 계시한다. 구원의 역사 안에 계시된 하나님이 진짜 하나님이다. 계시된 하나님 뒤에 숨어 있는 하나님은 없는 것이다.[120]

몰트만은 아예 내재적 삼위일체와 경세적 삼위일체의 구분을 거부한다. 하나님에게는 그런 이중적인 존재방식이 있지 않다는 것이다. 몰트만에 의하면 삼위일체 하나님은 세상과의 관계 속에서 새로운 것들을 경험하시면서 변화하신다. 인간을 만나면서 계획을 세우시기도 하시고 계획을 변경하기도 하신다. 결국 십자가까지 나타나게 되는 것이다. 세상과 역사와 시간과 함께 하시는 삼위일체

---

118) Eberhard Jüngel, *The Doctrine of the Trinity*, 39., pp.42 - 44.

119) Catherine LaCugna, "Reconceiving the Trinity as the Mystery of Salvation." *Scottish Journal of Theology* 38 (1985), p.13.

120) Ted Peters, *God as Trinity*, 이세형 역, 『삼위일체 하나님』(서울: 컨콜디아사, 2007), pp.215 217.

하나님의 삶 자체가 내재적 삼위일체와 다른 어떤 경세적 삼위일체의 영역에 속하는 것이 아니라, 굳이 전통적인 개념으로 표현하자면 내재적 삼위일체 그 자체인 것이다. 몰트만에게 있어서 내재적 삼위일체는 세계사의 진행과 그 속에서의 신적 개입과 긴밀하게 연결된 종말론적 실재이며 이는 경세적 삼위일체와 다름 아닌 것이다. 역사와 더불어 새로운 경험을 하시면서 변화하시는 삼위일체 하나님에게 현재와 미래가 존재하는 것이다.

몰트만은 요한복음 17장 21절의 말씀("아버지여, 아버지께서 내 안에, 내가 아버지 안에 있는 것 같이 그들도 다 하나가 되어 우리 안에 있게 하사")을 인용하는 가운데 "삼위일체 하나님의 일치는 자신 안에서 만족하는 폐쇄된 일치가 아니라, 열려 있고 초대하는 일치"라고 말한다.[121] 몰트만은 이것을 '변화의 개념'으로 설명한다. 하나님에게도 역사가 존재한다는 것이다.[122] 하나님은 세상의 변화에 깊이 개입하시기 때문에 자신의 역사뿐 아니라 미래를 가지시는 분이시다. 이 하나님의 개입의 핵심이 바로 성령의 사역이다. 세상을 향한 하나님의 개방됨이 세상 속에 성령의 내주와 갱신사역에 의해 구체적으로 실현되는 것이다.[123] 몰트만에 의하면 창조자는 피조물들의 사귐 안에 자리 잡고, 피조물들은 하나님 안에 자리 잡는다. 창조는 우리가 하나님 안에 있고, 하나님이 우리 안에 있다는 것을 의미하는 것이다. 창조물 안에 있는 하나

---

121) Jürgen Moltmann, *In der Geschichte des Dreieinigen Gottes*, 이신건 역, 『삼위일체와 하나님의 역사』(서울: 대한기독교서회, 1998), p.263.

122) Jürgen Moltmann, *The Trinity and the Kingdom of God*, 김균진 역, 『삼위일체와 하나님의 나라』(서울: 대한기독교출판사, 1993(9판)), p.210.

123) 박영돈, "성령의 인격성에 대한 현대적 논의", 『개혁신학과 교회』(고려신학대학원 제20호, 2007), p.214.

님, 하나님 안에 있는 창조물, 이것이 창조의 영(성령) 안에서 실현되는 순환이다. 창조는 하나님과 세계의 사귐을 뜻한다. 하나님은 만물 안에 계신다. 창조는 하나님의 세계 내재성과 세계의 하나님 내재성을 뜻하는 것이다.[124] 몰트만은 이러한 피조물 안의 성령의 현존을 '내재적 초월'이라고 말한다.[125] "하나님은 세계를 완전히 넘어서는 영이시다. 그는 절대적인 영이시다. 그러나 이와 동시에 그는 놀라운 방법으로 이 세계에 대하여 가까이 계실 뿐 아니라 이 세계 안에 현존하며 어떤 의미에서 그 속에 내재하신다. 그는 안으로부터 이 세계를 삼투하며 생동시키신다. 이렇게 영만이 인간과 세계에게 그의 초월이 조금도 다치거나 변화되는 일 없이 내재적일 수 있다."[126] 몰트만에 의하면 성령 안에서 우리는 하나님과의 상호 침투(reciprocal perichoresis)를 체험한다. "영의 피조물의 모든 경험은 영 자신의 경험이다. 현실의 모든 자기경험은 영 자신의 경험이 된다. 현실의 모든 자기경험은 인간 안에 있는 하나님의 삶의 영의 경험이 된다."[127] 성령 안에서 하나님과 모든 피조물은 상호 내재한다. 하나님과 세상 사이의 상호 침투적 관계는 삼위 하나님 안의 원형적 상호내재와 침투와 상응한다.[128] 몰트만은 내재적 삼위일체를 하나님의 세계와의 경험과 교류에 의해 전혀 영향을 받지 않는 독립된 실체로 보는 전통적인 견해에 대응하여

---

124) Jürgen Moltmann, *In der Geschichte des Dreieinigen Gottes*, 이신건 역, 『삼위일체와 하나님의 역사』(서울: 대한기독교서회, 1998), p.265.

125) Jürgen Moltmann, *Der Geist des Lebens*, 김균진 역, 『생명의 영: 총체적 성령론』(서울: 대한기독교서회, 1992), p.56.

126) Ibid., p.57.

127) Ibid., p.58.

128) Jürgen Moltmann, *God in Creation*, p.17.

삼위 하나님의 본질을 구원 역사의 틀 속에서 새롭게 조명하려고 하였다.[129] 몰트만의 삼위일체 하나님은 그 존재 자체가 세상과의 상호 내재와 교류에 의해 영향을 받도록 자신을 세상 역사에 개방하시는 하나님이시다. 하나님은 성령의 역사(役事)에 의해 자신을 세상에 개방하시는 하나님이시다.

그러나 세상과의 관계 속에서의 이러한 하나님의 변화의 과정은 과정신학(process theology)이 말하는 하나님의 변화와는 차이가 있다. 과정신학에서 말하는 하나님의 변화는 존재론적인(ontological) 변화, 즉 신(神)이 세상과의 관계 속에서 자신을 만들어 가는 것이지만, 몰트만이 말하는 하나님의 변화는 온전한 하나님께서 인간의 역사와 더불어 새로운 경험을 더해 가시는 것을 의미하는 것이다. 내재적 삼위일체와 경세적 삼위일체의 구분을 주장하는 사람들은 그 둘을 일치시킬 경우 하나님의 자유가 상실될 것이라고 말하지만 진정한 하나님의 자유는 세계와 관계하시고 세계로부터 영향 받기를(믿는 자의 기도나 그들의 순종의 행위를 통해) 원하시는 자유이다.


## Ⅱ. 인격(Person)의 이해


18세기 근대적(modern) 관점에서 볼 때 인격(a person)은 스스로

---

129) 박영돈, "성령의 인격성에 대한 현대적 논의", 『개혁신학과 교회』(고려신학대학원 제20호, 2007), p.217.

주도하고 스스로 결정하는 주체인 고유한 개체를 의미한다. 인격은 고유한 주체성이 발현되는 자리이다. 그러므로 다른 인격들과 존재들로부터 독립적이다. 인격성은 자율성의 전조이다.[130] 그런데 이러한 근대적 인격 개념을 삼위일체에 그대로 적용시키면 세 구별된 주체성들의 서로의 미약한 연결이라는 이미지를 피할 수 없는 것으로 보인다. 이것은 결국 삼신론(三神論)으로 갈 수밖에 없게 되는 것이다.

그러나 관계성을 강조하는 포스트모던적 관점에서 보면 인격이란 항상 상호 인격적이다. 인격성은 다른 인격들과의 관계성을 의미한다.[131] 다른 인격들과의 관계가 없다면 누구도 인격적일 수 없다. 인격은 관계 - 안에 - 존재함을 뜻한다.[132] 폴 틸리히(Paul Tillich)는 인격에 대하여 다음과 같이 말한다. "어떤 인격도 사귐이 없이는 존재할 수 없다. 완전히 발달한 개별적인 자아로서의 인격은 완전히 발달한 다른 자아 없이는 불가능한 것이다. ……그러므로 다른 인격과의 만남 없이는 어떤 인격도 존재할 수 없다. 인격은 인격적인 만남의 사귐 속에서만 성장할 수 있다."[133] 개체 존재로서의 우리는 다른 개체 존재들과의 계속적인 상호 교류에 의존한다. 우리의 독특성이나 자유는 관계성의 맥락에 의한 것이며, 우리는 스스로 그 관계성 안에 존재한다.[134] 인격적 존재는 '관계성 안

---

130) Ted Peters, *God as Trinity*, 이세형 역, 『삼위일체 하나님』(서울: 컨콜디아사, 2007), p.54.

131) Jürgen Moltmann, *Trinität und Reich Gottes*, 김균진 역, 『삼위일체와 하나님의 나라』(서울: 대한기독교출판사, 1982), p.207.

132) Ibid., p.208.

133) Paul Tillich, *Systematic Theology*, 유장환 역, 『조직신학 II』(서울: 한글출판사, 2003), p.36.

에 있는 존재(a being‒in‒relationship)'이다.135) 우리는 이것을 '관계 안에 있는 인격성(personhood‒in‒relation)', 또는 '관계성 안에 있는 인격(person‒in‒relationship)'으로 부를 수 있을 것이다.

마찬가지로 세 인격(three persons)은 상호 인격적으로 정의된다. 하나님은 관계성으로 재인식되어야 한다. 삼위일체 개념은 하나님의 내적 삶 속에 관계성이 있다고 보며, 관계성을 실재의 본질로 이해한다.136) 인격은 관계를 암시하며, 그러므로 삼위일체 교리는 인격성의 신학이다.137) 몰트만은 인격성과 관계성은 동시에 생겨난다고 말한다.138) 몰트만에 의하면 각 인격들의 내적 존재는 관계들을 통하여 형성되어 있다. 인격은 곧 관계이다.139) 삼위일체에 있어서 하나와 셋은 단지 숫자를 의미하지 않는다. 하나님께서 한 분이라고 말하는 것은 분리를 거부하는 신적 존재의 단일성을 말하는 것이고, 세 인격이라는 것은 하나님 안의 관계성을 말하는 것이다. 즉 셋이라는 말은 하나님 안의 관계성을 가리키는 것이다. 하나님은 단독자(monad)가 아니다. 또는 주체적인 세 실체적 인격들이 이미 존재하고 그 다음에 그 실체적 인격들이 관계를 가지는 그런 것이 아니다.140) 하나님은 바로 그 자체가 communion141)이

---

134) Ted Peters, *God as Trinity*, 이세형 역, 『삼위일체 하나님』(서울: 컨콜디아사, 2007), p.55.

135) Ibid., p.56.

136) Ibid., p.45.

137) Catherine M. LaCugna, "The Trinitarian Mystery of God", 1:180.

138) Jürgen Moltmann, *In der Geschichte des Dreieinigen Gottes*, 이신건 역, 『삼위일체와 하나님의 역사』(서울: 대한기독교서회, 1998), p.177.

139) Jürgen Moltmann, *Trinität und Reich Gottes*, 김균진 역, 『삼위일체와 하나님의 나라』(서울: 대한기독교출판사, 1982), p.208.

140) 몰트만은 세 인격을 세 주체로 강조한다. 이러한 점에서 세 인격을 먼저 상정하고 그 다음에 그들의 친교를 페리코레시스로 말하는 몰트만의 사회적 삼위일체론은 삼

다. 세 인격이라는 것은 관계성이 신적 존재의 본질임을 말하는 것이다. 하나님이 존재한다는 것은 관계성으로 존재하신다는 말과 다름 아닌 것이다.

지지울라스(John D. Zizioulas)는 자신의 책 『Being as Communion』을 통해 하나님의 인격성을 강조한다. 지지울라스에 의하면 하나님은 인격적이신 분이시다. 그리고 인격성은 관계를 의미한다. 관계를 갖지 않는 인격이란 존재하지 않는다. 삼위일체 하나님은 인격적이시며, 하나님의 본질은 하나님의 인격성에 있다. 하나님께서 인격적이시고, 인격적으로 존재하신다는 말은 하나님께서 communion 안에, communion을 위하여 존재하신다는 말이다. 인격이 되기 위해서는 communion을 향해 개방적이어야 한다. 지지울라스는 하나님의 존재를 "an event of communion"이라고 말한다.[142] 하나님의 존재는 관계적 존재이다. communion이라는 개념 없이 하나님에 대해서 말할 수 없다. 존재를 존재하게 만드는 것은 communion이다. communion 없이는 어느 것도 존재할 수 없다. 심지어 하나님이라 할지라도……[143]

---

신론(三神論)이라는 비판을 면하기 힘든 것으로 보인다. 랍비 핀카스 라피데(Pinchas Lapide)는 몰트만의 삼위일체가 좋게 보면 하늘의 삼신동맹이요, 나쁘게 보면 우상 숭배로 행하는 삼신론처럼 보인다고 하였다. Ted Peters, God as Trinity, 이세형 역, 『삼위일체 하나님』(서울: 컨콜디아사, 2007), p.68.

141) 정성욱은 삼위일체 하나님은 단순히 개별자들이 모여 있는 community가 아니라 communion(연합적 친교의 공동체)를 이루고 있다고 말한다. 정성욱, 『삶 속에 적용하는 삼위일체 신학』, pp.87 – 88.

142) John D. Zizioulas, Being as Communion(NY: St. Vladimir's Seminary Press, 1993), p.15.

143) 그런데 지지울라스는 하나님의 친교의 중심을 동방교회 신학자답게 성부에게서 찾고 있다. "communion은 홀로 존재하는 것이 아니다. communion의 원인은 바로 성부이다." 그는 성부의 lordship을 강조하면서 성부에게서 communion의 원인과 세 인격의 일치를 찾고 있다 John D. Zizioulas, Being as Communion, p.17.

그러나 몰트만은 "관계없는 인격도 없지만, 인격 없는 관계도 없다."라고 말하면서 "인격의 개념을 (단순히) 관계의 개념으로 환원시키는 것은 양태론적인 것"이라고 말한다.[144) 몰트만은 질문한다. 인격은 관계에 불과한 것인가? "만일 그렇다면 하나님은 세 인격 안에서 세 번 그 자신일 것이며, 세 인격은 세 번에 걸쳐 일어나는 하나님의 자기 반복에 불과할 것이다."[145) 몰트만은 "인격적 존재란 실재함(subsisting)을, 관계-속에-실재함(subsisting-in-relation)을 뜻할 뿐만 아니라 실존함(existing)을 뜻한다."라고 말한다.[146) 여기서 몰트만은 관계성 안에 있는 인격의 개념의 중요성을 인정하고 받아들이지만 그것으로 인한 세 인격의 개별적인 인격성의 손상을 경계하고 있는 것이다. 이러한 이유로 인해 몰트만의 삼위일체론은 여전히 삼신론적이라는 의심의 눈초리를 받게 되는 것이다.

　　여기서 한 가지 질문되는 것은 세 인격 사이에 위계질서(hierarchy)가 존재하느냐는 것이다. 동방교회에 의하면 성자는 성부로부터 출생되고(begotten), 성령도 성부로부터 발출(proceed)되며, 성부의 특성은 비출생에 속한다. 성자와 성령은 성부의 두 손으로 표현된다. 여기서 성부의 lordship의 근거가 확인된다. 이는 서방교회에서도 마찬가지이다. 단지 다른 것이 있다면 성령이 성부로부터뿐만 아니라 성자로부터도 유출된다(필리오케)는 것이다. 어쨌든 세 인격은 성부-성자-성령 순으로 존재하며 여기서 그 우위는 항상 성부에

---

144) Jürgen Moltmann, 『삼위일체와 하나님의 나라』, p.208.
145) Ibid., p.209.
146) Ibid., p.209.

게 귀속된다. 이로 보건대 인격 사이에 위계질서(hierarchy)가 존재하는 것이 아닌가?

이에 대한 답변은 위의 설명에서 이미 나왔다. 한 인격(person)은 홀로 존재할 수 없다. 홀로 존재할 수 있다면 위계질서를 말할 수 있을 것이다. 그러나 인격은 관계성을 전제로 한다. 관계성 안에는 높고 낮음이나, 종속이 있을 수 없다. 그것이 생기는 순간 관계성은 깨지고 마는 것이다. 세 인격의 신성(divinity)은 성부, 성자, 성령의 상호 인격적 역동성으로부터 파생되는 것이다. 이는 종속론적 삼위일체사상을 반대하는 것이다. 왜냐하면 성자의 신성이 성부에게 의존되는 것처럼 성부의 신성도 성자에게 의존되기 때문이다.

판넨베르크는 이를 '의존적 신성'이라는 개념으로 설명하고 있다. 판넨베르크에 의하면 성부, 성자, 성령은 상호 의존되어 있기 때문에 어느 하나가 없으면 다른 것도 존재할 수 없으며, 성부, 성자, 성령의 신성도 상호 의존되어 있다. 성부는 성자에 대면하여서만 성부가 되고, 성자는 성부와 대면하여서만 성자가 되며, 성령은 성부와 성자가 이루어 내는 공동체의 연대로서만 성령이 된다. 각 인격의 정체성은 다른 인격과의 관계에 의존한다.[147] 여기에는 높고 낮음이 있을 수 없다.

라쿠냐는 세 인격의 관계를 '포물선 또는 교차대칭 모델(the parabolic or chiastic model)'로 설명한다. 성부 – 성자 – 성령 – 세계로 나와서 다시 세계 – 성령 – 성자 – 성부에게로 돌아가는 모델이다. 여기서는 서로가 서로에게 유기적으로 연관되어 있어서 높고

---

147) Ted Peters, *God as Trinity*, 이세형 역, 『삼위일체 하나님』(서울: 컨콜디아사, 2007), p.239.

낮음의 문제가 제기될 수 없다. 세 인격의 종속을 주장하는 것은 교회의 교리가 아니다. 세 인격에는 지배와 종속이 존재하지 않는다. 삼위일체는 세 인격의 관계성과 communion만을 가리킬 뿐이다.

엘리자벳 존슨(Elizabeth A. Johnson)은 그녀의 저서 『She Who Is』에서 세 인격의 순서와 관계에 대하여 다음과 같이 말한다. "하나님에게는 더 빠르거나 더 늦음이 없으며, 먼저도 나중도, 시간과 공간의 간격도 전혀 없다. 인격은 상호 결합되어 갈라짐 없이 서로 그 안에 거주하며 힘찬 활동을 수행한다. 이때 그 순서는 종속의 관계가 아니다. 그러므로 삼위일체의 언어를 전체적으로 숙고하면, 이 교리의 근본적 시도는 분명히 하나님을 친교의 깊은 관계로 이해하는 데 있음이 분명해진다."[148]

몰트만도 『삼위일체와 하나님의 나라』(Trinität und Reich Gottes)에서 삼위일체의 질서를 다음과 같이 말한다. "그리스도의 파송, 내어 줌, 부활에 있어서는 '아버지 – 아들 – 성령'의 순서가 나타난다. 그리스도의 주권과 성령의 파송에 있어서는 '아버지 – 아들 – 성령'으로 나타나며, 종말론적 완성과 영광의 면에 있어서의 순서는 '성령 – 아들 – 아버지'이다."[149] 이로 보건대 세 인격 사이에는 선순서나 후순서가 존재하지 않으며, 높고 낮음이 존재하지 않으며, 위계적 계층질서가 존재하지 않는다는 사실을 알 수 있다.

---

148) Elizabeth A. Johnson, *She Who Is*(NY: Crossroad, 1993), p.196.

149) Jürgen Moltmann, *Trinität und Reich Gottes*, 김균진 역, 『삼위일체와 하나님의 나라』(서울: 대한기독교출판사, 1993(9판), pp.119 – 120.

# Ⅲ. 삼위일체 하나님의 한 인격으로서의 성령

어거스틴은 성령을 성부와 성자를 하나로 연합하는 성부와 성자의 상호 사랑으로 생각했다. 삼위일체 하나님의 일치를 성령의 역할로 보았다. 관계성은 타자성을 요구하며, 사랑은 타자성을 긍정하고 독려하는데, 사랑으로 타자를 묶는 것이 성령이다. 성령은 사랑으로 성부와 성자를 연결시켜 주는 끈(vinculum)이다. 하나님은 사랑하는 이(the lover)로서의 성부, 사랑받는 이(the beloved)로서의 성자, 그리고 그들 사이의 사랑의 끈(vinculum caritatis)으로서의 성령으로 존재한다.[150] 어거스틴에 의하면 성령은 선물(gift), 연합적 친교의 공동체(communion), 사랑(love)이다.[151] 성령은 성부에게서 성자에게로 오고, 또한 성자로부터 성부에게로 온다는 의미에서 선물이다. 성령은 또한 성부와 성자로부터 구원의 선물로 우리에게 임한다. 선물이 상호 교류함으로 communion을 이룬다. 성령은 성부와 성자의 communion이다. 어거스틴은 '성령'을 '성부와 성자의 사이의 관계성'이라고 말한다. 어거스틴에 의하면 성령은 관계성과 독립하여 관계성을 보조하는 또 다른 실체가 아니다. 만일 그렇게 되면 우리는 삼위일체가 아니라 사위일체(quaternity)를 고백하는 것이 된다. 성부, 성자, 성령, 그리고 이 셋을 묶어 주는 관계성.[152]

---

150) 박영돈, "성령의 인격성에 대한 현대적 논의", 『개혁신학과 교회』(고려신학대학원 제20호, 2007), p.202.

151) Ted Peters, *God as Trinity*, 이세형 역, 『삼위일체 하나님』(서울: 컨콜디아사, 2007), p.113.

152) Ibid., p.115.

"하나님은 셋을 넘지 않는다. 스스로 존재하는 사랑하는 이(성부), 스스로 존재하는 이로부터 존재를 얻은 사랑 받는 이(성자), 그리고 사랑 그 자체(성령)이다."[153] 사랑의 communion으로서의 성령은 그 자체가 하나님의 현존이다.

칼 바르트(K. Barth)는 성령을 성부와 성자 사이의 사랑의 연합으로 이해한 어거스틴의 입장을 그대로 수용하였다. 바르트는 『교회 교의학 Ⅰ, 1』에서 성령을 아버지와 아들의 공동의 존재와 작용(das gemeinsame Sein und Wirken des Vaters und des Sohnes)이라고 정의한다. 바르트는 성령을 성부와 성자의 관계(relationship)로 말한다. 성령은 아버지와 아들이 서로 함께, 서로를 향하여, 그리고 서로 안에 있게 만드는 존재이다. 여기서 바르트 역시 성령을 성부와 성자를 하나 되게(Einheit) 만드는 성부와 성자 사이의 사랑의 끈으로 보고 있는 것이다. 바르트는 성령을 성부와 성자 사이의 교제로 보기를 원했다. 그러나 이와 같이 성령을 성부와 성자 사이의 사랑의 연합으로 보는 견해는 성령을 하나님의 단일성을 보존하는 한 신적 기능이나 본질로 혼동하기 쉽다. 성부와 성자는 상호 인격적 관계를 갖는 분명한 인격적 존재인 데 반해, 성령은 두 인격을 연결하는 매체나 본질로 격하될 수 있는 것이다.[154] 이럴 경우 성령의 독자적인 인격이 문제가 되며, 여기서 바르트의 삼위일체론은 삼위일체가 이위일체로 되어 버리는 경향이 있다.[155]

융엘(E. Jüngel)에 의하면 성령은 죽음이라는 가장 고통스러운

---

153) Augustine, *On the Trinity*, Ⅵ: 5.
154) 박영돈, "성령의 인격성에 대한 현대적 논의", 『개혁신학과 교회』(고려신학대학원 제20호, 2007), p.206.
155) Karl Barth, CD Ⅰ, 1.

분리 가운데 있는 아버지와 아들을 하나로 묶어 주는 존재방식이다. 융엘은 십자가에서의 하나님의 자기구별이라는 관점으로부터 성령을 아버지와 아들 사이의 사랑의 끈으로 정의한다. 그러나 이럴 경우 여기서도 역시 삼위일체가 아니라 이위일체가 되어 버리는 문제가 발생한다.

뮐렌(H. Mühlen)은 성부와 성자 사이의 근본적인 가까움과 하나 됨을 성령이라고 말한다. 뮐렌에 의하면 이러한 가까움과 하나 됨은 아버지와 아들 사이의 사랑의 끈이다. 성령에 대한 뮐렌의 독특한 이해는 그가 성부와 성자의 관계를 '나와 너(Ich und Du)'로 보는 가운데 성령을 단지 관계의 연결일 뿐만 아니라, 이 '나와 너'를 우리로 만드는 나와 너의 '우리 - 관계(Wir - Verhältnis)'이며, '인격적인 우리 - 행위(Wir - Akt in Person)'라고 말하는 데 있다. 그는 성령을 두 인격(인격) 안에 있는 하나의 인격(인격)으로 설명함으로써 성령의 인격성을 확보하려고 한다. 그러나 성령과 하나님을 어떻게 구별할 수 있는가라는 문제에 직면하게 될 때 결국 뮐렌도 성령의 독자적인 인격성을 확보하지는 못하게 됨으로 인해 역시 이위일체적인 입장이 될 수밖에 없게 된다.

테드 피터스(Ted Peters)에 의하면 본래 하나님의 삶 안에서 성령은 관계성과 일치(unity)의 원리이다. 성령은 삼위일체의 관계성을 이루어 주는 끈이다. 또한 성령은 하나님과 세계와의 관계에 있어서도 세계와 하나님을, 세계와 그리스도를 이어 주는 끈이다.[156] 성령은 우리를 그리스도와 하나되게 하신다. 성령은 하나님

---

156) Ted Peters, *God as Trinity*, 이세형 역, 『삼위일체 하나님』(서울: 컨콜디아사, 2007), p.112.

과 세계를 연결시키신다. 내재적 삼위일체 안에 관계성의 원리로서의 성령은 성부가 성자와의 관계에서 아버지가 되게 하고, 반대로 성자가 그 상응하는 관계에서 아들이 되게 한다.

카피(Coffey)에 의하면 예수님은 성령 안에서 성부와 관계한다. 성령은 성부와 성자를 잇는 사랑의 띠(the bond of love)이며, 성령은 성부와 성자의 상호적인 사랑이다.

판넨베르크(W. Pannenberg)는 성령을 역동적인 힘의 장[157](a dynamic force field)으로 이해한다. 성령 안에서 성부와 성자의 말로 표현할 수 없는 사랑의 communion이 구체적으로 표현된다.

과정신학자 브라켄(Joseph A. Bracken)은 하나님의 연합(unity)을 실체의 연합(a unity of substance)이 아니라 공동체의 연합(the unity of community)으로 본다. 공동체와 인격은 상관적이다. 어느 하나가 다른 것에 우선하지 않는다. 공동체와 인격은 서로를 요구한다.[158] 브라켄에 의하면 세 인격들은 자기를 내어 주는 사랑의 계속적인 과정을 통하여 신적 공동체(the divine community)를 이룬다. 브라켄에 의하면 삼위일체는 사회들의 사회(a society of societies)이다. 각각의 세 인격들은 인격적으로 질서 지워진 온전히 살아 있는 사회(a personally ordered society)이다. 삼위일체 하나님은 인격

---

157) 신영복은 장(場)을 다음과 같이 설명한다. "장(場)이란 비어 있는 공간이 아니라 ……그 자체로서 하나의 체계이며 질서이다. 장(場)은 그것을 구성하는 모든 것이 서로 조화 통일되어 있다. 모든 것이 조화 통일됨으로써 장(場)이 되고 그래서 최고의 어떤 질서가 된다. '관계들의 총화(the ensemble of relations)'이다. 중요한 것은 장(場)을 구성하는 개개의 부분들은 부분이면서 동시에 총체성을 갖는다는 사실이다. 이 점이 집합(集合)과 장(場)의 차이라고 할 수 있다. 그런 점에서 장(場)은 '부분적 총체들의 복합체(the complex of partial totalities)'이며, 개개의 부분이 곧 총체인 구조이다." 신영복, 『강의』(경기도 파주시: 돌베개, 2005), p.38.

158) Joseph A. Bracken, s.j., "The Holy Trinity as a Community of Divine Persons", *Heythrop Journal* 15 (1974), p.180.

적인 질서를 가진 세 사회가 한 분 하나님으로서 연합을 이룬 것
이다. 하나님은 사회들로 구성된 사회이다. 하나님의 연합은 연합
들로 구성된 공동의 연합이다(The unity of God is a corporate
unity of unities). 하나님은 세 하부사회들의 상호 의존된 사회이다.
세 인격들은 친밀한 협력을 통해 세 하나님이 아니고 한 분 하나
님을 구성한다. 진정으로 삼위일체가 의미하는 것은 신적 공동체인
구조화된 사회 안에서 서로 서로의 관계를 통해서만 셋은 진정한
하나님이 된다는 것이다.[159) 다시 말해서 성부 하나님, 성자 하나
님, 성령 하나님으로 불릴 수 없는 것이다. 세 인격은 그렇게 하나
님으로 존재하는 것이 아니다. '성부 · 성자 · 성령 하나님'이다. 성
부 · 성자 · 성령이 한 하나님이시다. 세 인격은 각각 하나님이라
불릴 수 없다. 세 인격이 각각 따로 하나님으로서 존재하는 것이
아니다. 세 인격은 분리되어서 생각할 수 없다. 오직 관계성 속에
서, community 속에서만 하나님이시다.

세 인격들은 실재적 계기들을 의식하고 있으며, 그 경험의 범위
는 깊이와 이해에 있어서 무한하다. 각각의 인격들은 활동의 의식
적인 장을 관리(통할, 지배)하는데, 세 인격은 무한하고 제한이 없
는 같은(same) 활동의 장을 가지게 된다. 그러나 그들 각각은 분명
히 의도적으로 서로 다른 주관적인 초점을 가지고 장을 이해하고
파악한다. 그러나 그들이 파악하는 장은 하나이고 동일한(same) 객
관적인 장이다. 모든 것이 세 인격에게 공통적이다. 그러므로 그들
모두가 하나의 그리고 동일한 모든 것을 포괄하는 신적인 활동의

---

159) Ted Peters, *God as Trinity*, 이세형 역, 『삼위일체 하나님』(서울: 컨콜디아사, 2007),
p.207.

장을 관리(통합, 지배)하기 때문에 그들은 한 하나님이다(they are one God).160)

그러나 세 인격들은 특별히 경세적 삼위일체와 관련하여 구별 가능한 역할들을 한다. 세 인격은 동일한 장(場) 안에서 세 가지의 서로 다른 주관적인 초점과 활동의 중심을 드러내는 것이다. 그러므로 그들은 상호 연관적으로 일을 해 나가지만 하나의 그리고 동일한 활동의 장(場) 안에서 여전히 서로 다른 기능을 하는 세 개의 구별되는 '인격들(personalities)'이다. 브라켄에 의하면 세 인격은 서로 다른 방식이기는 하지만 하나님의 원초적 본성(the primordial nature)과 결과적 본성(the consequent nature)과 자기초월체적 본성(the superjective nature)에 참여한다. 즉 세 인격은 주어진 어떤 순간 속에서 그들의 공통적인 활동의 장(場) 안에 존재하는 가능성들의 거대한 영역을 똑같이 훑어보지만, 성부는 그들의 공통적인 역사의 순간에 어떤 가능성이 적합한지를 홀로 결정하며(원초적 본성), 성자는 홀로 성부에 의해서 선택된 가능성을 현실화하는 것을 결정하며(결과적 본성), 마지막으로, 성령은 홀로 가능태(potentiality)를 현실태(actuality)로 변화시키고 그러므로 세 인격의 공동체로서의 그들의 삶을 영속시키기 위한 활동의 원리를 사용하는 것을 결정한다(자기초월체적 본성). 따라서 세 인격은 그들의 공동의 삶을 유지하는 데 있어서 필수불가결한 역할을 갖고 있다.161)

브라켄의 체계 속에서도 성령은 성부와 성자를, 하나님과 세계

---

160) Joseph A. Bracken & Marjorie Hewitt Suchocki, *Trinity in Process*(NY: The Continuum International Publishing Group Inc., 2005), p.100.

161) Joseph A. Bracken & Marjorie Hewitt Suchocki, *Trinity in Process*, p.101.

를 연결시키는 역할을 하고 있다. 브라켄은 성령과 자기초월체적 본성을 동일시한다. 하나님의 삶 속에서 성령은 성부로 하여금 하나님 존재의 새로운 가능성들을 제공하게 하며, 또한 성자로 하여금 성부의 제안에 예라고 답하게 한다. 성령은 이처럼 성부와 성자의 교류를 위한 실체화된 조건이 되는 것이다. 창조세계와의 관련 속에서도 성령은 성부로 하여금 모든 현실적 계기들에게 원초적 목적(initial aim)을 제공하도록 하고, 각각의 계기들로 하여금 성부의 목적에 예라고 답하게 한다. 브라켄은 성령이 하나님 – 세계 관계의 통합(integrity)에 책임이 있다고 말한다. 브라켄이 말하는 세 인격의 역할을 정리하면 다음과 같다.

the Father – the primordial nature – the Cause
the Son – the consequent nature – the Effect
the Spirit – the superjective nature – the Condition

이처럼 성령을 하나님의 unity, communion의 원리나 끈(vinculum)이나 장(場)으로 보는 이러한 견해에 대한 반대의 소리도 높다. 우리는 사도신경에서 "성부와 성자와 성령을 믿는다."고 고백한다. 그런데 성령을 하나님의 unity, communion의 원리나 끈(vinculum)이나 장(場)으로 보는 이러한 견해는 전통적인 삼위의 평등성과 성령의 인격성을 해치고 있다. 만일 성령이 관계성뿐이라면 성령은 제3위가 아니란 말인가? 칼리스토스(Kalistos of Diokleia)는 성령을 비인격화하는 경향이 있다는 이유로 어거스틴의 vinculum모델을 반대한다. 칼리스토스에 의하면 어거스틴 자신은 성령을 인격으로 생각하지만 여기서의 유비는 인격으로서의 성령을 의미하지 않는다. 사랑하는 자와 사랑받는 자는 둘 다 인격이지만 이 둘 사이의 상호 사랑은 다른 두 인격과 나란히 하는 제3의 인격이 아니다. 어거스틴의 모델은 삼위적(tripersonal)이기보다는 이위적(bipersonal)이 되는 약점을 가지고 있다.[162]

온전한 삼위일체론을 발전시키기 위해서는 성령의 인격성을 신학적으로 정확히 규명하는 데 그 관건이 놓여 있다고 확신하는[163] 몰트만(J. Moltmann)은 성부와 성자와는 별도로 행동하는 독립적인 주체로서의 성령을 말한다. 예수 그리스도의 삶과 역사를 통해 계시된 하나님의 신비의 핵심은 세상의 구속을 위해 함께 일하시는 세 신적 존재, 즉 서로 구분되는 인격으로서의 성부, 성자, 성령이 존재한다는 사실이다.[164] 몰트만에 의하면 삼위일체론은 세 구별되는 인격으로부터 시작하여 세 신적 존재가 어떻게 일치를 이루는가를 다루어야 한다.[165] 즉 서로 명확히 구분되는 세 신적 인격이 어떻게 온전한 연합과 일치를 이루는가를 해명하는 것이다.

몰트만에 의하면 성령은 '영광을 돌리시는 하나님(der verherrlichende

---

162) Kalistos of Diokleia, "The Human Person as an Icon of the Trinity", *Sobernost* 8, no.2 (1986), p.9. 이에 대한 답변으로 테드 피터스는 다음과 같이 말한다. "세 인격이 본성상 일치하거나 동일시되어야 한다고 생각해야 할 근본적인 이유는 없다. 삼위일체론이 성령을 위해 시민권리운동을 구성해야만 하는 것도 아니다. '세 인격 안에 있는 하나의 존재'라는 개념은 예수 그리스도 안에서 일어나는 구원의 드라마를 이해하기 위한 개념적 도구이다. 이것은 세 인격 각각의 모든 면에 있어서 동일해야만 하는 것을 의미하는 것은 아니다." Ted Peters, *God as Trinity*, 이세형 역, 『삼위일체 하나님』(서울: 컨콜디아사, 2007), pp.120 - 121.

163) 박영돈, "성령의 인격성에 대한 현대적 논의", 『개혁신학과 교회』(고려신학대학원 제20호, 2007), p.209.

164) Jürgen Moltmann, *The Trinity and the Kingdom of God*, pp.63 - 64.

165) Ibid., pp.144 - 148, 174 - 176.

Gott)'이다. 성령은 아들 예수님에게 영광을 돌리며, 그를 통해 아버지에게 영광을 돌리신다. 몰트만에 의하면 성령은 예수 그리스도 이후에 생겨난 '영광을 돌리는 역사(Verherrlichungsgeschichte)'의 주체이시다. 성령은 인간을 새롭게 하고, 세계 안에 새로운 공동체를 건설하고, 그것을 통해 아들과 아버지에게 영광을 돌리는 역사를 일으키신다. 성령은 하나님의 능력이 아니라 주체이다. 몰트만에 의하면 성령은 행동의 중심, 즉 인격이시다.

서방의 교의학 전통에서는 삼위일체적인 표준에 따라 구원의 경륜을 찾으려 하였다. 아버지께서 성령 안에서 아들의 희생을 통하여 구원을 베푸신다는 것이다. 이러한 체계에 의하면 구원의 모든 활동이 아버지로부터 나오는 것이다. 그런데 이러한 체계의 근본적인 문제점은 성령께서 독자적으로 활동하시는 분이 아니라 단지 하나님의 작용으로서 생각된다는 것이다. 몰트만에 의하면 이러한 체계 속에 있는 성령은 아버지와 아들에 대하여 능동적이지 못하다. 성령은 완전히 수동적이다. 여기서 성령의 주체적인 요소를 찾아볼 수가 없다.

몰트만에 의하면 삼위일체 하나님은 하나의 유일한 표준을 따라 구원을 일으키시지 않는다. 구원의 역사가 일어나는 삼위일체적 순서가 있다. 그리스도의 파송, 희생, 부활은 '아버지 - 성령 - 아들'이라는 삼위일체적 순서를 가진다. 그리스도의 주권과 성령의 파송의 삼위일체적 순서는 '아버지 - 아들 - 성령'이다. 그리고 종말론적 완성과 영광돌리기는 '성령 - 아들 - 아버지'의 삼위일체적 순서이다.

성령은 아버지로부터 아들을 통하여 인간들에게 임하신다. 성령은 하나님의 영으로 그리고 그리스도의 영으로 불린다. 그러나 영광을 돌리는 역사 속에서는 삼위일체적 순서로 말해야 한다. 영광을 돌리는 순서 속에서 새로운 창조의 찬미가 성령으로부터 아들을 통하여 아버지께로 간다. 성령은 전 세계의 새 창조를 통해 하나님의 영광을 발생시키신다. 서방의 교의학 전통은 항상 성령의 독자적인 인격성을 포기하였으나, 영광을 돌리는 역사에 있어서 성령은 의심할 바 없이 하나의 주체이시고 하나의 인격이시다.

몰트만에 의하면 '세 인격'이라는 말은 서로의 작용이 다르다는 의미일 뿐만 아니라 서로의 인격성도 서로 다르다는 것을 의미하는 것이다. 성령의 인격성은 아버지나 아들의 인격성과 결코 대체될 수 없는 독특한 것이다. 성령 하나님의 인격성은 삼위일체 하나님의 영원한 신적 생명의 사랑이며, 자기를 나누어 주며, 자기를 전개하며, 자기를 부어 주는 현존이다.[166) 창조자의 영(Spiritus creator)은 살리는 영(Spiritus animans), 보존하는 영(Spiritus suscitans), 인내하는 영(Spiritus patiens), 활기차게 하는 영(Spiritus vivificans)으로서 모든 피조물과 그들의 창조 공동체에 임재한다. 그리고 그들은 이로 인하여, 이 안에서 살아간다.[167)

몰트만은 세 인격의 개별성과 독특성과 독자성을 인정하는 가운데 그럼에도 불구하고 세 인격이 삼신(三神)으로 존재하지 않으며 상호 내주와 상호 침투와 상호 순환의 관계를 통해 하나가 되는 사회적 삼위일체(the Social Trinity)를 말한다. 세 인격의 하나 됨은 바로 페리코레시스를 통해서 이루어지는 것이다. 세 인격 사이에는

---

166) Jürgen Moltmann, *Der Geist des Lebens*, 김균진 역, 『생명의 영: 총체적 성령론』(서울: 대한기독교서회, 1992), p.383.

167) Jürgen Moltmann, *In der Geschichte des Dreieinigen Gottes*, 이신건 역, 『삼위일체와 하나님의 역사』(서울: 대한기독교서회, 1998), p.267.

의견의 충돌이나 대립이 있을 수 없다. 세 인격은 개별적인 존재인 동시에 페리코레시스로 인해 하나로 존재한다.


## 나가는 말


이상의 글을 통해 얻은 결론을 몇 가지로 정리하면 다음과 같다. (1) 성령은 삼위일체 하나님의 한 인격으로서 독립적인 주체이시다. (2) 이러한 성령의 주체적인 사역으로 인해 하나님은 세상에 참여하시고 세계와 관계하시며 더 나아가 자신을 변화시키시는 하나님이 되신다. (3) 삼위일체 내의 세 인격은 오늘날의 인격의 개념에 따라 관계성 가운데 communion을 이루고 계신다. (4) 이러한 세 인격의 일치(unity)는 페리코레시스를 통해서 이루어진다.

우리는 성령 하나님이 삼위일체 하나님 내에서의 관계성 - 안에 - 존재하는 한 인격이시라는 사실과 성경에서 성령을 능력이나 에너지로 묘사하는 부분이 있다 하더라도, 세상에 대한 하나님의 사역에 있어서 주체적으로 역사하시는 성령의 인격성을 간과하지 말아야 할 것이다.

# 제 6 장

## 내일의 교회(The Church Tomorrow)

# 들어가는 말

"개혁된 교회는 항상 개혁되어야 한다(*Ecclesia reformata semper reformanda*)." 개혁교회의 이 정신은 언제나 개혁교회의 중심에 자리 잡아야 할 것이다. 이 정신을 잃어버리는 순간 교회는 하나님의 말씀으로부터 벗어나 인간의 유전(遺傳)을 따르게 될 것이기 때문이다. 다른 어느 때보다도 오늘날 교회 안에서의 자성(自省)의 소리가 커져 가고 있는 실정이다. 왜 오늘날 교회가 이처럼 세상 사람들의 지탄의 대상이 되었을까? 그 원인이 무엇일까? 복음에 문제가 있어서가 아님은 틀림없다. 그렇다면 문제는 우리 그리스도인들에게 있다는 결론이 나온다. 우리가 무엇을 잘못하고 있는가? 우리의 무엇이 문제인가? '르노·닛산'의 CEO인 카를로스 곤(Carlos Ghosn)은 자신의 자서전에서 경영의 첫 번째 기초로 "문제점을 정확히 찾아낸다."를 들고 있다.[168] 그렇다, 문제의 원인을 파악하는 것이 급선무이다. 그래야 근본적인 치료가 가능하기 때문이다. 필자는 이하의 글에서 오늘날 교회의 문제점이 무엇인가를 짚어 보고, 그 해결책과 대안은 무엇인가에 대해 살펴보고자 한다.

---

168) Carlos Ghosn, *Renaissance*, 오정환 역, 『르네상스: 카를로스 곤 자서전』(서울: 도서출판 이레, 2002), p.28.

# I. 오늘날 교회의 문제점

## 1. 위선적인 행동

사라 커닝햄(Sarah Cunningham)은 오늘날 교회의 문제점으로 교회의 진실하지 못함을 들고 있다.[169] 다음은 사라 커닝햄이 지적하는 위선적이고 진실하지 못한 교회의 행태들이다.

> 첫째, 예배 도중 성도들에게 팔을 올리게 하거나 박수를 치도록 강요하는 교회. 혹은 예배 도중 미리 계획된 다른 반응을 유도하는 교회. 그러한 행동이 자연스럽게 나오는 것은 좋으나 억지로 시키지는 말아야 한다. 둘째, 예배에 과도하게 멋을 부리는 교회. 셋째, 어떤 죄에 대해서는 엄하게 야단치면서, 어떤 이들의 방종한 행위에 대해서는 용인하는 교회. 넷째, 교회의 출석자 수를 과장하거나 틈만 나면 그 수치를 알리려 하고 교회의 공적들을 자랑하기 위해 애쓰는 교회. 다섯째, 비밀이 너무 많은 교회. 특히 사람들이 궁금해할 법한 것조차 질문이 금지된 경우. 여섯째, 예배 중에는 서로 마주보고 미소를 짓지만 뒤에서는 서로 뒷얘기를 하는 리더들이 있는 교회.

## 2. 관계성의 부족

볼프(Miroslav Volf)는 교회를 "삼위일체 하나님과 그의 영광스럽게 된 사람들의 상호 인격적인 내주(the mutual personal indwelling of the triune God and of his glorified people)"라고 정의한다.[170] 그

---

169) Sarah Cunningham, *Dear Church: Letters from a Disillusioned Generation*, 박혜원 역, 『친애하는 교회 씨에게』(서울: 쌤앤파커스, 2008), pp.96 – 97.

는 성령을 통한 하나님과 인간의 관계성이 교회를 구성한다고 말한다. "그리스도의 영이 현존(임재)할 때마다 거기에는 교회가 있었다. 성령이 모여든 회중을 삼위일체 하나님과 연합시키며 통합시킨다. 성령으로 중재된 하나님과의 관계성(This Spirit - mediated relationship with the triune God)이 모임(assembly)을 교회로 구성한다."171) 관계성이 교회의 교회됨의 기초인 것이다. 오늘날 대형교회의 문제점 중의 하나는 개개인 성도들 간에 관계성 형성이 이루어지지 않는다는 것이다. 이런 의미에서 교회는 유기체(organism)가 아니라 조직체(organization)가 되어 버리고 마는 것이다.172)

## 3. 계급주의

초기교회의 모임들은 교인 각자가 다 기능을 발휘하고 자발적이고 자유스럽고 누구나 다 참여하는 특징을 가진 역동적인 모임이었다.173) 하나님과 직접 교통한 후에 그것을 수동적인 종교적 소비

---

170) Veli - Matti Kärkkäinen, *An Introduction to Ecclesiology*(IVP Academic. 2002), p.135.

171) Miroslav Volf, *After Our Likeness: The Church as the Image of the Trinity*(Wm. B. Eerdmans Publishing Co., 1998), p.129.

172) Richard Koch는 회사를 조직이나 기계가 아닌 유기체로 보면 다음과 같은 일이 발생한다고 말한다. Richard Koch, *The Power laws: The Science of Success*, 유한수 역, 『80/20 세계를 지배하는 자연법칙』(서울: 21세기북스, 2002), pp.271 - 274.
첫째, 통제할 필요가 없어진다. 유기체는 각 부분이 알아서 행동하기 때문이다.
둘째, 자연스럽게 성장하게 된다.
셋째, 조직의 각 부분들에 자발성이 있음을 일깨워 준다.
넷째, 부분은 전체의 일부라는 사실을 알게 된다.
다섯째, 네트워크(조직망)와 상호 관계를 구축한다.
여섯째, 자체 목적을 갖게 된다.
일곱째, 스스로 학습한다.
여덟째, 자기 자체적인 특성(character)과 독특함(uniqueness)을 가지게 된다.

자들에게 전달하고 가르치는 모세 스타일의 거룩한 한 사람에 의해 신약교회가 이끌어졌다는 기록은 신약성경 그 어디에서도 찾아볼 수 없다.[174] 그러나 오늘날 대부분 교회의 예배 속에서 회중은 그저 수동적인 구경꾼에 불과하며, 예배 전체는 안수 받은 성직자에 의해서 진행되고 있다.[175] 예배가 성직자에 의해 인도되고,[176] 설교가 예배의 중심이 되고, 그로 인해 회중은 수동적으로 되어서 사역할 기회가 없어지게 된 것이다.[177]

콘스탄틴 대제 이후로 시작되어 점점 더 심화된 교회의 전문화는 하나님의 백성을 유아적인 평신도와 전문적인 성직자로 나누고 교회 안에 권력지향적인 사고방식을 심고 피라미드 구조를 고착화시켰다. 그러나 하나님은 종교적인 전문가들을 하나님과 백성 사이의 중보자로 특별히 세우신 적이 없다. 휘장은 찢어졌다. 하나님은 자기 백성이 유일한 길이신 예수 그리스도를 통해 직접 자기에게로 나아오는 것을 허락하셨다.[178]

비록 바울이 제사장직, 제사장의 봉사, 제사장의 섬김, 제사 의

---

173) Frank Viola, *Pagan Christianity?* 이영목 역, 『교회가 없다』(서울: 도서출판 대장간, 2003), p.42.

174) Wolfgang Simson, *Houses that Change the World*, 황진기 역, 『가정교회』(서울: 국제제자훈련원, 2008), pp.21 - 22.

175) Frank Viola, *Pagan Christianity?* 이영목 역, 『교회가 없다』(서울: 도서출판 대장간, 2003), p.46.

176) 안디옥의 이그나티우스(Ignatius of Antioch, 35 - 107)는 장로들 가운데 한 명을 다른 사람들 위에 세우고 '감독'이라고 불렀다. 이그나티우스에 의하면 감독은 최종적인 권위를 갖고 있었으며, 신자들은 그에게 절대로 복종해야 했다. 이그나티우스는 교회가 이단의 공격으로부터 살아남기 위해서는 로마의 중앙집권체제를 본뜬 강력한 조직이 있어야 한다고 믿었다. 그는 감독이야말로 거짓 교회를 추방하고 교회의 통합을 확립하는 구제책이라고 생각한 것이었다. Ibid., pp.143 - 144.

177) Ibid., p.66.

178) Wolfgang Simson, *Houses that Change the World*, 황진기 역. 『가정교회』(서울: 국제제자훈련원, 2008), pp.22.

식 등의 단어를 사용하지만, 결코 신성한 특권 계급이나 행위 혹은 대상을 언급하는 것이 아니다. 오히려 바울이 의미하는 바는 모든 개인, 전체로서의 공동체, 세속적인 관헌들 모두가 바로 '제사장들'이라는 것이다.[179]

바울은 공동체의 각 지체를 그들이 지닌 거룩함의 정도에 따라 구분 짓는 것도 거부한다. 제사장이나 직책을 가진 자와 같은 공동체 내의 지도계급을 거부하는 것과 마찬가지로, 바울은 공동체 내의 영적인 엘리트층도 거부한다.[180] 이유는 공동체의 모든 지체 안에 성령님이 동일하게 내주하시기 때문이다.

성직자 중심 예배의 가장 큰 문제는 예배의 공동성을 견지하지 못하는 점이다. 지금 한국 교회의 예배가 공동성을 상실한다는 것은 예배가 인도자의 일방적인 주도 아래에서 이루어져 상대적으로 예배에서 평신도들이 차지하는 역할이 수동적인 데서 더욱 두드러지게 발견된다.[181] 목사위주의 일방적 예배 진행도 지양되어야 하고, 교인들이 방관자의 자세를 취하는 개인주의도 지양되어야 한다. 초기교회의 예배에는 언제나 공동체의 교제가 나타나 있었다. 처음에는 성직자와 평신도의 구별이 없었다. 모두가 선택된 백성이었다.[182] 바르트도 성직자와 평신도의 구분에 대해 부정적인 입장을 견지한다.

---

179) Robert Banks, *Paul's Idea of Community*, 장동수 역, 『바울의 공동체 사상』(서울: IVP, 2007), p.225.
180) Ibid., p.233.
181) 정일웅, "한국교회 예배유형 연구", 『목회와 신학』, 1993년 2월호, p.52.
182) 김명혁, 『한국교회 쟁점진단』(서울: 규장, 1998), p.96.

그것(성직자와 평신도의 구분)은 아주 오래되고 잘못된 구분이다. 평신도 외에 또 무엇이 더 있다는 말인가? 주교 혹은 신학자 혹은 사제 등등, 그 것은 전혀 그렇지 않다. 나 또한 한 명의 평신도이다. 평신도란 그저 '그 백성에 속한 자'란 뜻이다. 우리 모두는 단지 그 백성에 속할 수 있다. 나는 지금 전 인류를 포함하는 하나님의 백성을 말하고 있는 것이다. 이 하나님의 백성이라는 점에서 우리는 서로서로 존재하고 있는 것이다. 한 사람은 신학을 공부한 것이고, 다른 한 사람은 아닌 것이다. 그러나 그렇 다고 해서 신학을 공부했고, 공부하는 사람이 단순한 평신도보다 더 낫거 나 더 다르다는 것을 뜻하지 않는다.[183]

오늘날 교회는 교회 내의 계급주의를 타파하고 만인제사장직을 회복해야 한다. 만인제사장직에는 다음의 세 가지 의미가 존재한 다.[184] 첫째, 모든 신자는 하나님께 직접 나아갈 수 있게 되었음을 의미한다. 둘째, 신자 서로가 서로에게 제사장으로서의 역할을 감 당할 수 있다는 의미이다. 셋째, 제사장직은 교회뿐만 아니라 세상 을 위해서도 주어진 것이다. 교회는 이 땅에 존재하는 하나님의 제 사장이다. 만인제사장직의 관점에서 보면 모든 신자는 사역자이다.

볼프(Miroslav Volf)도 '능동적 만인제사장직(the active priesthood of all believers)'을 재발견해야 한다고 강조한다.[185] 하나님의 영에 의해 부름 받았고 은사를 부여받았기 때문에, 교회의 모든 구성원 들은 자신들의 행동과 말을 통해 하나님의 은혜를 제공하고 기술 할 수 있는 것이다.[186] 성령은 배타적으로 직제를 가진 사람들만을

---

183) Karl Barth, *Letzte Zeugnisse*, 정미현 역, 『마지막 증언들』(서울: 한들출판사, 1997), pp.38 - 39.

184) Howard Snyder, *Liberating the Church*, 권영석 역, 『참으로 해방된 교회』(서울: IVP, 2005), pp.244 - 245.

185) Veli - Matti Kärkkäinen, *An Introduction to Ecclesiology*(IVP Academic, 2002), p.140.

186) 베드로전서 4장 10 - 11절 "각각 은사를 받은 대로 하나님의 여러 가지 은혜를 맡은 선한 청지기 같이 서로 봉사하라. 만일 누가 말하려면 하나님의 말씀을 하는 것같이 하고 누가 봉사하려면 하나님이 공급하시는 힘으로 하는 것같이 하라. 이는 범사에

통하여 교회를 구성하는 것이 아니라, 자신의 은사를 가지고 다른 사람들을 섬기는 모든 구성원들을 통해 교회를 구성하신다. 모든 그리스도인들이 은사를 가졌기 때문에, 그리스도께서도 역시 단순히 직제를 가진 자들이 아니라, 교회의 모든 구성원들을 통해 행동하신다.

## 4. 배타성

보통 사람들이 교회를 떠나는 이유는 둘 중 하나이다. 즉 집단이 개인을 그 속에 융화시키지 못하거나, 혹은 개인의 문제를 이해하는 데 실패하기 때문이다. 오랜 시간 동안 하나의 집단이 유지되어 왔을 경우, 그 집단에 오랫동안 속해 온 구성원들은 자신들끼리 똘똘 뭉쳐 배타적이 된다. 그래서 새로운 구성원이 그 집단에 합류하는 데 장벽을 느낀다. 이는 한 신입회원이 한 말과 같다. "그들은 원을 그려 놓고 그 밖에 나를 남겨 두었다."[187)

사람들이 교회에게 바라는 것은 교회가 좀 더 다양한 사회 집단의 사람들과 함께 하는 것이다. 교회는 혼합된 문화에 흠뻑 젖은 사회의 다양한 집단들을 포용할 수 있어야 한다. 세상에 물들 것이 두려워 교회 문턱을 높이거나 교회 문을 걸어 잠근다면 우리는 더 이상 세상과의 관계를 맺을 수 없게 될 것이다. 예수 그리스도

---

예수 그리스도로 말미암아 하나님이 영광을 받으시게 하려 함이니 그에게 영광과 권능이 세세에 무궁하도록 있느니라. 아멘."

187) Sarah Cunningham, *Dear Church: Letters from a Disillusioned Generation*, 박혜원 역, 『친애하는 교회 씨에게』(서울: 쌤앤파커스, 2008), p.77.

는 다양한 인간 집단과 교감하셨다. 배타성이란 예수님의 사명 중한 부분을 제외시키는 것이 될 뿐만 아니라 교회 자체를 속물적인 집단으로 전락시킬 수도 있다. 다양한 세계와 관계를 맺을 수 있는 교회의 능력은 교회의 사명의 문제이자 순종의 문제이다.[188]

다양성은 참으로 중요하다. 만일 어떤 종이 다양하다면 그 종은 살아남고 번성할 수 있다. 그러나 동질체라면 그 종은 주변의 사소한 변화에도 취약할 것이다. 다양성이 크면 클수록 교회는 아름다울 뿐만 아니라 활기도 넘치고 풍성해 보일 것이다. 다양성은 효과가 있다. 그것은 더욱 큰 다양성을 불러오고 지속적 성장을 이끈다.[189]

# II. 대안 교회들

## 1. 가정교회(The House Church)

### 1) 가정교회란 무엇인가?

로이스 바렛(Lois Barrett)에 의하면 가정교회는 하나님과 언약을 맺었으며, 교회의 지체로서 그리스도의 권위에 복종하고, 성령의 인도를 따르는 사람들이 얼굴을 마주 대하기에 적당할 만큼 소수

---

188) Ibid., p.88.

189) Richard Koch, *The Power laws: The Science of Success*, 유한수 역, 『80/20 세계를 지배하는 자연법칙』(서울: 21세기북스, 2002), p.40.

가 모인 그룹을 가리킨다.[190] 가정교회란 일반 가정 안에서 초자연적인 능력을 통해 공동체적으로 기독교적인 삶을 사는 한 방식이다. 가정교회로 모이는 것은 그리스도 안에서 공동체적 삶을 개발하기로 헌신한 성인들과 그 자녀들이 얼굴을 맞대고 만나는 것이다. 그들은 집, 아파트, 기타 장소에서 매주 모인다. 그러나 모임 장소보다 더 중요한 것은 서로에 대한 보살핌과 책임감이다. 확장된 그리스도인 가족으로서 그들은 함께 찬양하고 기도하고 배우고 서로 나누고 사랑하고 놀며 식사(그들은 이것을 주의 만찬으로 생각한다)하기를 바란다. 그들은 서로에 대한 상호적인 사역을 통해 하나님께서 그들에게 부여하신 은사를 확인하고 사용하는 것을 배운다. 따라서 그들은 가정에서, 이웃 사이에서, 직장에서, 더 넓은 지역 사회에서, 다양한 개별적 사역을 통해 선교에 참여하는 데 더 확신을 가지게 된다. 그들은 자신들을 교회로 보며 또한 하나님의 백성의 더 큰 그룹과 정기적인 모임을 가지는 것의 중요성을 인식하고 있다.[191]

가정교회는 세 번 회심한 사람들로 이루어진 공동체이다. 먼저 수직적으로 하나님께 회심했고, 수평적으로는 서로에게 회심했으며, 마지막으로 사랑과 자비와 능력으로 세상을 섬기는 일에 대해 회심한 사람들이다. 가정교회의 생활방식은 사랑과 진리, 용서, 믿음, 자비의 정신으로 빚어진다. 가정교회는 서로를 사랑하고, 서로를 용서하며, 우는 자들과 함께 울고 웃는 자들과 함께 웃으며, 은

---

190) Lois Barrett, *Building the House Church*. 임종원 역, 『가정교회 세우기』(서울: 미션월드, 2002), p.15.

191) Robert Banks & Julia Banks, *The Church Comes Home*, 장동수 역, 『교회, 또 하나의 가족』(서울: IVP, 2003), pp.22–23.

혜를 주고받고, 끊임없이 하나님의 진리와 용서를 주고받는다.[192) 가정교회는 그 자체가 온전한 의미에서 교회이다.

## 2) 가정교회의 성서적 근거

(행 2:46) "날마다 마음을 같이하여 성전에 모이기를 힘쓰고 **집에서 떡을 떼며** 기쁨과 순전한 마음으로 음식을 먹고"

(행 8:3) "사울이 교회를 잔멸할새 **각 집에 들어가** 남녀를 끌어다가 옥에 넘기니라."

(행 20:20) "유익한 것은 무엇이든지 공중 앞에서나 **각 집에서나** 거리낌이 없이 여러분에게 전하여 가르치고"

(롬 16:3, 5) "[3] 너희는 그리스도 예수 안에서 나의 동역자들인 브리스가와 아굴라에게 문안하라 [5] 또 **저의 집에 있는 교회에도** 문안하라 내가 사랑하는 에배네도에게 문안하라 그는 아시아에서 그리스도께 처음 맺은 열매니라."

(고전 16:19) "아시아의 교회들이 너희에게 문안하고 아굴라와 브리스가와 **그 집에 있는 교회**가 주 안에서 너희에게 간절히 문안하고"

(골 4:15) "라오디게아에 있는 형제들과 눔바와 **그 여자의 집에 있는 교회**에 문안하고"

(몬 1:2) "자매 압비아와 우리와 함께 병사된 아킵보와 **네 집에 있는 교회**에 편지하노니"

---

192) Wolfgang Simson, *Houses that Change the World*, 황진기 역. 『가정교회』(서울: 국제제자훈련원, 2008), pp.141 – 143.

### 3) 누가 가정교회를 지도하는가?

가정교회에는 전문적인 의미에서의 지도자가 따로 존재하지 않으며, 대신에 장로가 있다. 장로는 가정교회 안에서 아버지 또는 어머니의 역할을 수행할 수 있는 책임 있는 사회 구성원으로서 성경이 요구하는(딤전 3장) 장로의 자격 요건을 갖추어야 한다.[193)

### 4) 세례식과 결혼식과 장례식은 누가 집행하는가?

가정교회는 그 자체가 하나의 완벽하게 기능하는 교회이다. 그러므로 자체적으로 세례를 시행한다. 결혼식과 장례식은 교회에서 행하지 않으며 사회관습대로 실시한다.[194)

### 5) 가정교회의 조직과 구성

가정교회는 6-12명으로 이루어진다. 그리고 보통 6-9개월에 한 번씩 배가한다. 엘머 타운즈(Elmer L. Towns)는 『11 Innovations in the Local Church』에서 다음과 같은 가정교회의 통계를 보여 준다.[195)

(1) 80%의 가정교회들이 매주 모임을 가지고, 한 달에 한 번 모임을 가지는 가정교회는 11%이다. 모이는 요일은 수요일(27%), 주일(25%)이며, 20%는 5일에 한 번 모임을 가진다.

---

193) Ibid., p.158.
194) Ibid., p.159.
195) Elmer L. Towns, Ed Stetzer and Warren Bird, *11 Innovations in the Local Church*(California: Regal Books, 2007), pp.30-32.

(2) 대부분의 가정교회들은 한 번 모임에 2시간 정도의 시간을 보내고, 오직 7%만이 1시간 정도의 모임시간을 가진다. 9%는 모임시간이 3시간 이상이다.

(3) 가정교회의 93%는 모임 때에 기도를 한다.

가정교회의 90%는 성경을 읽는다.

가정교회의 89%는 불신자들에게 봉사하는 시간을 가진다.

가정교회의 87%는 개인의 경험과 필요를 나눈다.

가정교회의 85%는 먹고 이야기 나누는 시간을 가진다.

가정교회의 83%는 제공된 가르침에 대해 토의한다.

가정교회의 76%는 공식적인 가르침의 시간을 가진다.

가정교회의 70%는 음악과 노래를 사용한다.

가정교회의 58%는 예언이나 특별한 말씀을 전해 듣는다.

가정교회의 52%는 헌금을 한다.

가정교회의 51%는 교제를 나눈다.

가정교회의 41%는 배움의 일부분으로 비디오 시청을 한다.

(4) 대부분의 가정교회들은 가족 지향적이다. 가정교회의 64%에 아이들이 속해 있다.

(5) 가정교회의 크기는 20명 정도이다. 이 중 18세 이하 7명의 아이들이 포함된다.

## 6) 가정교회 진행방식

가정교회 진행방식에 일률적인 순서나 방식은 없다. 성도 누구
나 다 자연스럽게 이끌어 가면 된다. 그러나 보통 4W나 LIFE 방
식을 따른다. 4W는 환영(Welcome), 예배(Worship), 말씀(Word), 사
역(Work)을 의미한다. 환영은 사람들의 참여를 이끌어 내기 위한
아이스브레이크 시간을 의미하고, 예배는 묵상이나 독서 혹은 찬양
을 말하며, 말씀은 성경을 서로 돌아가며 읽는 것을 말하고, 사역
은 중보기도나 전도나 봉사를 의미한다.[196] LIFE에서 L은 삶(Life)
의 이슈들을 다루는 것을 의미한다. I는 중보기도(Intercession)이다.
F는 재미(Fun)와 교제(Fellowship)와 음식(Food)을 의미한다. E는 전
도(Evangelism)를 의미한다.[197]

## 7) 가정교회를 통해 얻는 유익[198]

첫째, 우리는 교회생활을 하는 것(doing church)이 아니라 교회가
되기(becoming church) 시작할 것이다.

둘째, 교회는 삶의 모든 부분을 건드리게 될 것이며, 이런 의미
에서 전인적인 삶의 태도가 생겨날 것이다.

셋째, 돈 문제가 사라질 것이다. 가정교회는 돈이 들지 않는다.
건물도 필요 없고, 전임 전문 목회자도 필요하지 않기 때문이다.

넷째, 리더 문제가 없어질 것이다. 모두가 교회의 결정과 행동에

---

196) Wolfgang Simson, *Houses that Change the World*, 황진기 역, 『가정교회』(서울: 국제제
자훈련원, 2008), p.206.
197) Ibid., pp.218 – 219.
198) Ibid., pp.292 – 299.

참여해야 하기 때문에 어느 누구 한 명에게 리더십이 집중되는 일이 없다.

다섯째, 건물 문제가 없어질 것이다.

여섯째, 회심의 질이 달라질 것이다.

일곱째, 선교에 대해 새롭게 정의하게 될 것이다. 기존교회들은 교회 인근에 사는 사람들을 교회로 나오게 하기 위해 그들에게 나아간다. 이것을 전도라고 부른다. 그러나 가정교회는 교회가 그들 속에 들어가 생활함으로 삶 자체가 전도가 된다.

여덟째, 배우가 아니라 행동가가 될 것이다.

아홉째, 타종교인들에게 다가가기가 쉬워진다. 이슬람교도들, 힌두교도들, 불교도들은 교회 건물에 들어가는 것 자체가 문제시된다. 그러나 가정교회는 그들을 얼마든지 초청할 수 있고 또 그들도 별 어려움 없이 가정교회로 올 수 있게 된다.

열째, 공산주의와 같은 지역에서도 교회를 유지할 수 있다.

프랭크 비올라(Frank Viola)는 가정교회의 유익을 다음과 같이 말한다.

우리 모두는 서로를 압니다. 그것도 잘 압니다. 우리는 종교적인 모임 이외의 시간을 함께 보냅니다. 우리는 많은 점에 있어서 가족과 같습니다. 우리 모두는 찬양을 인도하고 또 찬양을 요청하는 데 있어서 자유롭습니다. 사역은 나누고 싶어 하는 모든 사람들로부터 생겨납니다. 누군가 무엇을 나눌 때에 누구든지 거기에 질문을 하거나 덧붙여 이야기할 수 있습니다. 우리 모두는 서로를 돌봐야 하는 책임을 가지고 있습니다. 우리는 교회이니까요. 우리는 몸으로 함께 결정을 내립니다. 우리는 우리의 모임과 우리의 활동을 계획합니다. 그리고 우리는 우리의 문제를 어떻게 해결해 나갈 것인가를 결정합니다. 우리는 우리가 낸 돈을 어떻게 사용할 것인가를 결정합니다. 우리는 우리의 모임 때에 서로를 격려합니다. 우리는 일주일 내내 교제를 갖습니다. 우리는 서로에게 용기를 북돋워 줍니다.[199]

## 8) 가정교회에 대한 비판

첫째, 가정교회 운동은 2000년 역사의 기독교 신학과 전통을 무시함으로 역사 속에서 행동하신 하나님의 섭리를 무의미하게 만들어 버릴 위험성이 있다.

둘째, 가정교회 운동이 영혼 구원과 제자 삼기만을 최고의 가치로 여긴 나머지 국가와 사회와 문화의 부패에 무관심해질 수 있는 위험성이 있다.

셋째, 가정교회 운동은 기존의 다양한 교회전통과 신학전통들로부터 분리될 위험성이 있다.

## 2. 이머징 교회(The Emerging Church)

### 1) 이머징 교회의 탄생 배경

교회에 대해 지루하다는 인식을 가지고 자라난 베이비부머 세대들을 교회로 인도하기 위해 고안된 구도자 중심의 예배는 되도록 교회의 상징들을 내려놓았고, 교회의 고전적 음악들도 뒤로 하였다. 분위기는 무거움을 벗고 현대적인 감각으로 밝은 조명을 사용

---

199) Frank Viola, "An Interview with a Modern - Day, Sunday - Morning, Church - Going Christian", TheOoze, October 15, 2005.

하였다. 교회에 처음 나오는 사람들에게 교회라는 부담감을 느끼지 않도록 하기 위한 것이었다. 또 다양한 프로그램들을 제공함으로 교회는 지루한 곳이 아니라는 것을 증명하려고 하였다. 찬양은 그들의 음악을 좇아갔고, 설교도 지루한 교리보다는 생활의 주제를 드라마로 풀어 주었다. 분명 구도자 중심의 교회와 예배는 이러한 방법들을 통해 베이비부머 세대들을 교회로 끌어 들이는 것에 성공하였다.[200]

그러나 디지털 미디어와 양방향 통신, 정보혁명과 엄청난 영상 이미지, 수백 개의 TV 채널 서핑이 몸에 익은 X세대, 포스트모던 세대, 베이비부머 이후의 젊은 세대들에게 소위 구도자 중심의 예배는 별로 특이할 것이 되지 못하였다. 오히려 그들에게는 교회의 이러한 모습이 조금 뒤처지는 하위문화로 보일 뿐이다. 그들은 부모세대에서 일어난 가정의 와해로 말미암아 전통적 가족 구조를 소중히 생각하며 그리워하고 있으며, 기독교 신앙의 고유한 독특성을 알기 원하며, 전례와 의식에 대해 흥미를 가지며, 윗세대와의 단절이 아닌 연결을 추구하고 있다. 이머징 세대들은 객석에 앉아 잘 짜인 공연 예배를 즐기는 수준의 편안한 종교 생활이 아닌 좀더 구체적이고 경험하며 참여할 수 있는 영성과 성스러운 의식을 추구하기 시작한 것이다. 베이비부머 세대들에게는 고리타분하게 보였던 기독교 전통들이 이머징 세대들에게는 오히려 관심의 대상이 된 것이다.[201]

---

200) 조성돈, 『목회와 신학』(2008년 6월호), p.55.
201) 김선일, 『목회와 신학』(2004년 4월호), pp.193 - 194.

## 2) 이머징 세대의 특징

이머징 세대는 기독교를 접해 보지 못한 세대이다. 그 이전의 부모 세대인 베이비부머 세대가 교회에 대해 지루함을 느끼고 흥미를 잃고 교회를 떠난 세대라면 이머징 세대는 그런 부모 밑에서 자라났기 때문에 아예 기독교를 접해 보지도 못한 것이다. 이들은 교회의 영향을 받지 않은 상태에서 태어나고 자랐다. 여기서 중요한 것은 이머징 세대에게 교회는 낯선 곳이라는 점이다. 그러므로 부모세대와는 다른 접근 방법이 필요하게 된 것이다. 베이비부머 세대에게는 그들의 문화를 교회가 수용함으로서 교회가 더 이상 그들에게 지루한 곳이 아님을 보여 주어야만 했다. 그러나 이머징 세대에게는 이러한 흥미위주의 전략이 통하지 않는다. 그들에게는 영적인 갈망이 있다. 그들은 영적 경험을 원하는 것이다. 이머징 세대는 하나님에 대해 이야기하는 것을 반긴다. 그들은 종교적이지는 않지만 영적인 세대인 것이다. 그런 까닭에 이머징 세대는 교회의 고전적 가치나 전통적 예전이라는 오늘날의 세상 문화와는 다른 교회의 이미지를 통해 이러한 영적인 갈망을 충족시키고자 하는 것이다.[202]

사라 커닝햄(Sarah Cunningham)은 자신의 책 『친애하는 교회 씨에게』(*Dear Church: Letters from a Disillusioned Generation*)에서 이머징 세대의 특징을 다음과 같이 정리하고 있다.[203]

---

202) 조성돈, 『목회와 신학』(2008년 6월호), pp.56 - 57.

203) Sarah Cunningham, *Dear Church: Letters from a Disillusioned Generation*, 박혜원 역, 『친애하는 교회 씨에게』(서울: 쌤앤파커스, 2008), pp.42 - 67.

첫째, 이머징 세대는 가족이라는 단어를 재정의 한다. 가족에 대한 이머징 세대의 관점은 좀 더 포괄적이다. 이머징 세대는 전통적인 가정의 모습의 붕괴와 핵가족을 경험하면서 유전적인 관계가 없는 사람들까지 가족에 포함시킨다. 가족이란 유전자 부호 이상의 결속과 마음 상태를 의미한다. 그들은 가족의 범위를 확대해서 친구와 지인(知人)들까지 포함하는 친밀한 그룹을 만들어 낸다.

둘째, 이머징 세대는 경쟁적인 대립으로부터 자유롭다. 그들은 앞 세대처럼 반드시 한 가지만을 선택해야 할 필요가 없다. 극단에서 극단이 동시에 가능한데 이는 종교적인 것에도 나타난다.

셋째, 이머징 세대는 주변에 결속감을 느낀다. 먼 거리의 사람들과도 이메일 등으로 결속을 유지한다.

넷째, 이머징 세대는 돈을 성공의 기준으로 생각하지 않는다. 재정적인 안정을 얻기 위해 자신이나 가족의 정신건강을 희생시키지 않는다.

다섯째, 이머징 세대는 즉각적인 만족을 원한다. 빠르게 돌아가는 환경에서 자란 이머징 세대는 '여유의 결핍'이라는 대가를 치르게 되었다. 이머징 세대는 바로바로 풀리지 않는 문제를 보면 인내심을 상실해 버린다. 또 미련스럽게 움직이는 사람들을 정말 견디기 힘들어한다.

여섯째, 이머징 세대는 인간과의 접촉을 좋아한다. 이머징 세대는 진짜 하나님을 찾고 있다. 그들은 진실한 사람과 그 사람이 들려 주는 진실한 이야기, 그들의 진솔한 삶의 경험을 듣기를 원한다.

일곱째, 이머징 세대는 생각보다 상대론을 좋아하지 않는다. 이머징 세대는 기성세대들이 생각하는 것처럼 "나도 좋고, 너도 좋다."라고 생각하며 살아가지는 않는다. 그들은 옳고 그름에 명확하다.

여덟째, 이머징 세대는 극단적인 이상주의자이다. 이 이상주의 사상은 완벽한 교회를 찾고 싶다는 데에도 영향을 미친다. 그리하여 교회가 온전한 모습을 보이지 않는다면 그들은 조급해 하거나 혼란스러워한다.

아홉째, 이머징 세대는 솔직하다. 솔직함이야말로 이머징 세대가 좋아하는 것이고, 교회에 바라는 것이다.

열째, 이머징 세대는 공동체를 소중히 여긴다. 이머징 세대는 공동체에 대한 욕구를 가지고 있다.

열한째, 이머징 세대는 도움을 주고 싶어 한다. 젊은 세대가 자원봉사 정신이 가장 높다.

열두째, 이머징 세대는 가벼운 충성을 하지 않는다. 이머징 세대에게는 서약을 미루는 성향이 있다. 그들은 스스로 교회에 헌신하고 싶다는 확신이 들기 전까지 형식적으로 교회에 이름을 올리고 싶어 하지 않는다.

열셋째, 이머징 세대는 고집이 센 경향이 있다.


## 3) 이머징 교회란 무엇인가?

이머징 교회란 무엇인가에 대해 정의 내리기란 쉽지 않은 문제이다. 스펜서 벌크(Spencer Bulke)는 이머징 교회는 아직 수면 위로 떠오르지 않은 상태라고 말하고 있으며, 카렌 워드(Karen Ward)는 이머징 교회는 이제 막 시작해서 그 형태를 드러내기 시작했고 아직 진행 중이며 어떻게 그 모습을 드러낼지 아무도 모른다고 말했다.204) 그럼에도 불구하고 이머징 교회에 대해 정의를 내리자면, 깁스(Eddie Gibbs)와 볼저(Ryan K. Bolger)는 자신들의 저서 『Emerging Churches』에서 이머징 교회를 다음과 같이 정의하고 있다. "이머징 교회는 그들의 장소와 시대에 대하여 신실할 것을 추구하는 예수님을 따르는 자들로 구성된 포스트모던 문화205) 속에서 생겨난 선교적 공동체이다."206) "이머징 교회는 포스트모던 문화 속에서 예수님의 길을 실천하는 공동체이다."207) 여기서 중요한 것은 (1) 포스트모던이라는 자신들의 시간과 장소에 신실해야 한다는 것, (2) 예수님을 따르는 자들이라는 것, 그리고 (3) 선교적이라는 것, 마지막으로 (4) 공동체라는 것이다. 이머징 교회는 "포스트모던 문화라는 환경 속에서 교회와 그리스도인의 정체성을 재성찰하고, 기독교 신앙의 기준과 방법들을 새롭게 구축하고자 하는 움직임"이라 볼 수 있다.208)

---

204) 윤동철, "이머징 교회의 출현과 신학", 『한국개혁신학 논문집』(제21권, 2007), p.293.

205) Leonard Sweet은 자신의 책 『영성과 감성을 하나로 묶는 미래교회』(Postmodern Pilgrims)에서 포스트모던 문화를 'EPIC'문화라고 부른다. 이는 경험(Experience), 참여(Participatory), 이미지(Image – driven), 관계(Connected)를 뜻하는 것이다. Leonard Sweet, Postmodern Pilgrims, 김영래 역, 『영성과 감성을 하나로 묶는 미래교회』(서울: 좋은씨앗, 2002), pp.61 – 62.

206) Eddie Gibbs & Ryan K. Bolger, Emerging Churches (Baker Pub Group, 2006), p.28.

207) Ibid., p.44.

208) 김선일, 『목회와 신학』(2008년 6월호), p.63.

## 4) 이머징 교회의 특징

김도훈 교수는 이머징 교회의 특징을 (1) 하나님의 선교(missio Dei), (2) 하나님의 나라 추구, (3) 섬김과 나눔의 삶 강조, (4) 영 - 육, 정신 - 물질, 성 - 속의 이원론 극복, (5) 영성의 강조, (6) 공동체 강조, (7) 환대와 섬김과 나눔의 디아코니아적 삶, (8) 독특하고 창조적인 예배, (9) 상향식, 참여적, 열린, 대의적 리더십으로 구분하고 있다.[209]

김선일 교수는 이머징 교회의 특징을 (1) 예술적 다양성, (2) 예전(liturgy)의 회복, (3) 근본교리의 강조, (4) 복음의 사회성 구현이라고 말한다.[210]

필자는 이머징 교회의 특징을 다음과 같이 정리하고자 한다. (1) 모더니즘과 기성교회에 대한 비판, (2) 타종교에 열린 자세, (3) 소규모 공동체 중심의 교회, (4) 포스트모더니즘 수용, (5) 현대의 문화적 요소들을 예배와 교회 안으로 끌어들임, (6) 교회가 세상 속으로 들어가서 활동해야 한다. 이것이 바로 하나님 나라 운동이다. 여기서 중요한 것은 이머징 교회의 특징은 포스트모던이라는 오늘날의 문화에 대한 인식과 수용, 그리고 그에 따른 기독교의 정체성에 대한 성찰과 재구성이란 것이다.

먼저 이머징 교회는 성(聖)과 속(俗)의 이원론 극복을 그 특징으로 한다. 이머징 교회는 포스트모더니즘과 오늘날의 문화를 배제하지 않는다. 이머징 교회는 우리가 살고 있는 문화의 변화에 민감

---

209) 김도훈, 『목회와 신학』(2008년 6월호), pp.50 - 52.
210) 김선일, 『목회와 신학』(2004년 4월호), p.192.

하며, 새로운 문화적 형태를 적극적으로 활용하여 교회 밖 사람들과 복음으로 교류하려는 진정성 있는 노력을 보인다. "이머징 교회는 우리가 처해 있는 문화를 정직하게 읽으려고 노력하였다. 그리고 우리의 증인 됨, 우리의 신학적 이해, 우리의 신자 됨과 더 나아가 우리 자신의 이해를 읽고 우리 문화에 적용하여 생각하려고 노력하였다."211)

이머징 교회는 또한 하나님 나라를 강조한다. 하나님 나라가 이머징 교회의 최고 우선순위이다. 이머징 교회는 교회의 목적을 이 땅에서 하나님 나라로 살아가는 것으로 본다. 그들은 일주일에 한 번 교회에 나가는 것이 아니라 일주일간의 삶을 강조한다. 교회가 하나님 나라를 추구하는 대신 교회 자체를 추구하게 될 때 언제나 문제가 생긴다. 교회를 세우고자 하는 사람은 교회의 활동, 종교적인 것에만 신경을 쓰게 된다. 그러나 하나님 나라를 추구하는 사람들은 하나님 나라의 활동에 신경을 쓴다. 하나님 나라를 추구하는 사람은 먼저 하나님의 나라와 그의 의를 구한다. 그러나 교회를 세우고자 하는 사람은 교회를 세우기 위해 때로 하나님의 나라와 그의 의를 간과하기도 한다. 교회에 속한 사람들은 어떻게 하면 사람들을 교회로 끌어들이느냐를 생각한다. 그러나 하나님 나라의 사람은 어떻게 하면 사람들을 세상으로 내보내느냐를 생각한다. 교회에 속한 사람은 세상이 교회를 변화시킬까 봐 염려한다. 그러나 하나님 나라의 사람은 어떻게 하면 교회가 세상을 변화시킬 수 있는지를 고민한다. 교회의 목적은 하나님 나라이며, 교회에 필요한 것은 꼭 한 가지, 하나님이 의도하신 대로의 교회가 되기 위해

---

211) D. A. Carson, *Becoming Conversant with the Emerging Church*(Zondervan, 2005), pp.45 – 46.

자신을 스스로의 속박으로부터 해방시키는 것이다.[212)]

이머징 교회는 공동체를 강조한다. 교회는 그리스도를 따르는 공동체이다. 이머징 교회는 하나님 나라가 공동체의 삶 속에 구현되는 것을 목표로 한다. 하나님 나라의 특징은 교제, 관계, 헌신, 섬김, 나눔으로 이해될 수 있는데, 이런 의미에서 이머징 교회는 이러한 교제, 관계, 헌신, 섬김, 나눔이 가능한 소그룹 공동체를 선호한다. 이스턴 신학교(Eastern Theological Seminary)의 전(前) 총장 로버타 헤스텐즈에 의하면 "기독교에서 이루어지는 소그룹이란 그리스도 안에서 누릴 수 있는 풍성한 삶을 발견하고 그 안에서 자라 가고자 하는 목적을 공통으로 품은 3 - 10명의 사람이 정기적으로 직접 대면하여 만나는 모임이다." 그러므로 소그룹 사역은 교제, 예배, 학습, 지원, 영적 성장, 사회적 변화를 향한 복음의 부르심대로 살아가도록 사람들을 한데 모으신 예수님의 사역을 반영한 기독교 전통을 잇는 것이다.[213)]

마지막으로 이 모든 것은 선교를 위한 것으로 이해된다. 이머징 교회는 선교적 공동체이다. 그러나 이머징 교회가 이해하는 선교는 말로 하는 것이 아니라 삶으로 나타나는 선교를 지향한다. 그런 까닭에 환대와 섬김과 나눔의 디아코니아적 삶을 강조하는 것이다.

---

212) Howard Snyder, *Liberating the Church*, 권영석 역, 『참으로 해방된 교회』(서울: IVP, 2005), pp.11 - 12.

213) Richard Southern & Robert Norton, *Cracking Your Congregation's Code*, 임종원 역, 『우리 교회에 딱 맞는 교회 컨설팅』(서울: 죠이선교회, 2008), p.259.

### 5) 이머징 교회에 대한 비판

이머징 교회에게 제기되는 비판 중의 하나는 그들의 일방적인 주장에 있다.[214) 이머징 교회는 너무 일방적으로 기성교회(특히 대형교회)를 비판하고 또한 하나님 나라의 현재성을 지나치게 강조하는 경향이 있다. 다음으로는 포스트모더니즘과의 유착으로 인한 혼합주의 영성, 객관적 진리 주장의 약화와 그리스도의 복음이 상대적 가치로 격하되는 점이 문제가 된다고 하겠다.[215)

## Ⅲ. 일반 기업의 경영에서 배우는 교회 개혁의 아이디어들

톰 피터스(Tom Peters)는 자신의 책 *Re-imagine*에서 기업은 반드시 세 가지에 중점을 두어야 한다고 말하고 있다. 첫째는, '감성주의'이다. 소비자의 감성을 자극해야 한다는 것이다. 사람들은 이제는 논리적 판단을 통해 상품을 구매하는 것이 아니라, 마음이 끌려야 물건을 산다는 것이다. 고객은 제품 기능상의 특징이나 혜택뿐만 아니라 감성이라는 측면에서 큰 영향을 받는다. 이제는 고객을 이성적인 존재로만 바라볼 것이 아니라 감성적인 존재로 취급해야 한다.[216)

교회도 이러한 감성주의를 이용해야 한다. 교회를 사람들이 오

---

214) 김도훈, 『목회와 신학』(2008년 6월호), p.52.

215) 김선일, 『목회와 신학』(2008년 6월호), p.67.

216) 이동현, 『경영의 교양을 읽는다』(서울: 더난출판, 2006), p.19.

고 싶어 하는 장소로 만들어야 한다. 교회에 편안함과 따뜻함의 분위기가 있어야 한다. 물론 우리가 하나님께 예배드리기 위해 교회에 온다고 하지만 장소의 분위기 또한 사람들의 마음에 영향을 미치는 것도 사실이다. 마음이 불편한데 제대로 된 예배와 교제가 이루어지겠는가?

스타벅스에 사람들이 몰리는 이유가 무엇인가? 스타벅스는 단순한 한 잔의 커피 그 이상의 것을 의미하고 있다. 스타벅스에서 커피를 마실 때 대부분의 고객은 특별한 경험을 하게 된다. 스타벅스에 들어서면 하얀 대리석이 깔린 미팅 룸에서 좋은 음악과 함께 최상의 커피에 대한 설명을 들으면서 편안한 느낌으로 커피를 마시고 있는 사람들을 볼 수 있다. 맛, 서비스, 매장 분위기의 세 박자가 절묘하게 조화된 경험 그 자체이다. 이처럼 스타벅스는 제품이 아니라 커피를 통한 체험과 고객과의 관계를 만들어감으로써 20년 만에 세계 최고의 종합 커피 브랜드로 성장할 수 있었다.[217] 사람들은 커피 한 잔을 사기 위해 스타벅스에 오는 것이 아니라 스타벅스가 제공해 주는 그 분위기를 느끼고 싶어서 스타벅스에 오는 것이다. 제3의 공간(the third place)이라 불리는 스타벅스에는 커피 한 잔으로 누릴 수 있는 행복이 있다. 스타벅스에서는 누구나 자신만의 시간을 가질 수 있다. 친구들과 담소를 나누거나 혼자 책을 읽거나, 노트북을 앞에 놓고 열심히 일을 하거나, 무엇을 하건 간에 사람들은 스타벅스에 머무는 시간 동안 자기만의 방식대로 편안함을 추구한다.[218] 스타벅스를 도심 속의 오아시스로 만

---

217) Ibid., pp.24 - 26.
218) Joseph A. Michelli, *The Starbucks experience*, 장성규 역, 『스타벅스 사람들』(서울: 명진

들어 준 몇 가지 요소가 있다. 쾌적한 인테리어, 편안한 음악, 코끝을 자극하며 온 몸의 활력을 되살려 주는 향기. 그중에서도 가장 중요한 요소는 '사람들'이다. 따뜻한 미소로 고객의 방문을 반갑게 맞이해 주는 사람들. 스타벅스의 가치를 높여주는 데 그보다 더한 재화는 없다.[219] 이처럼 교회가 사람들의 감성에 호소하고 사람을 중요하게 생각하지 않는다면 교회는 내일의 사람들을 잡을 수 없을 것이다.

둘째는 '디자인(브랜드)'이다.[220] 이제 제품의 수준은 거의 비슷하게 되었다. 가격도 비슷하다. 그럼 이제 어느 제품을 고를 것인가? 문제는 디자인이다. 디자인이 좋은 제품이 팔리는 것이다. 하버드 경영대학원 교수 로버트 헤이에스(Robert Hayes)는 다음과 같이 말한다. "15년 전 기업들은 가격으로 경쟁했다. 오늘날은 품질이다. 내일은 디자인이다."[221] mp3 플레이어 가운데 i-pod이 잘 팔리는 것도 디자인 때문이다. 이제는 디자인을 최고의 수준으로 끌어올려야 한다.

사람들에게 기업을 알릴 수 있는 가장 효과적인 방법이 강력한 브랜드를 구축하는 것이다.[222] 인텔은 자신의 파트너들에게 인텔 마이크로프로세서 제품 사용에 따른 6% 정도의 리베이트를 제공했고, 'intel inside'라는 인텔 로고가 부착된 컴퓨터 광고에는 광고

출판사, 2007), pp.5 - 6.

219) Ibid., p.5.

220) Tom Peters, *Re-imagine*, 정성묵 역, 『미래를 경영하라』(서울: 21세기북스, 2005), p.133.

221) Tom Peters, *The Circle of Innovation*, 이진 역, 『자기혁신 i디어』(서울: 한국경제신문, 2004), p.463.

222) 이동현, 『경영의 교양을 읽는다』(서울: 더난출판, 2006), p.19.

비 50%를 지원해 주었다. 수년에 걸쳐 지속적인 브랜딩 프로그램을 실행한 결과, 인텔은 마침내 intel inside 로고를 부착하는 것만으로도 PC 판매가격에서 10% 정도의 프리미엄을 창출할 수 있었다.[223]

교회도 이처럼 디자인, 브랜드에 신경을 써야 할 때가 왔다. 오늘날 브랜드는 단순한 디자인이 아니다. 로고가 아니다. 인쇄문구가 아니다. 관계를 맺고자 하는 사람들의 마음에 창조하는 인식의 총체이다. 마케팅의 대가인 나이키는 브랜드의 본질을 잘 보여 준 사례라고 할 수 있다. 광고를 보게 되면 회사 이름이 나오기도 전에 어느 회사의 광고인지 알 수 있다. 교회가 일관성이 없다면 전도대상자들에게 절대 다가서지 못할지도 모른다. 교회 주변의 기업들이 일관성 있는 커뮤니케이션으로 성공하는 모습을 보면서도, 왜 교회는 그렇게 하지 못하는 것일까? 결국에는 통일된 이미지, 디자인, 커뮤니케이션 요소들을 사용하는 것이 시간과 자원을 절약하는 길이다.[224]

그렇다면 좋은 디자인, 좋은 브랜드는 어떤 것일까? 첫째, 전도대상자들의 공감을 얻기 위한 것이기 때문에 그들의 마음을 사로잡고 끌어들여야 한다. 둘째, 전도대상자들의 자기 정체성, 필요, 스타일 등과 관련이 있어야 한다. 셋째, 의사전달이 분명해서 의문점을 갖게 하기보다는 대답을 주는 것이어야 한다.[225]

마지막으로 '여성을 타깃'으로 삼으라는 것이다.[226] 여성을 놓치

---

223) Ibid., pp.54 - 55.
224) Richard L. Reising, *Church marketing 101*, 오수현 역, 『교회마케팅 101』(서울: 올리브 북스, 2007), pp.237 - 239.
225) Ibid., pp.248 - 249.

면 안 된다는 것이다. 모든 가정의 소비의 주체가 여성이라는 것이다. 여성의 마음을 사로잡지 못하고서는 기업이 판매를 못한다. TV에 나오는 아파트 광고를 보더라도 전부 다 여자들이 나온다. 집을 구입할 때 여자들이 결정하는 것이다. 남자가 결정하는 것 같아도 물건을 살 때 보면 대부분 여성의 의견에 따라가는 것이다. 냉장고, 세탁기 등 가전제품이나 가구나 모두 살 때 보면 여성이 고르게 된다. 남자는 여자를 쫓아다니면서 돈만 지불하는 것이다. 일하는 주부의 20%가 남편보다 돈을 더 많이 번다고 한다.[227] 타이어 구매고객의 51%가 여성이다. 미국에서의 여성의 소비가 3조 3,000억 달러에 육박하고 있다. 여성이 직접적인 구매자이거나 혹은 구매의사결정에 있어서 여성의 의견이 반영되는 비율을 보면 다음과 같다.[228] 가구 94%, 휴가 92%, 주택 91%, 신규은행계좌 89%, 의료보험 88%, 자동차 구매 65%. 이런 형편이니 여자들을 소홀히 해서는 안 되는 것이다. 그래서 톰 피터스의 이 강의를 들은 미국의 잔디 깎는 기계를 파는 사장이 실제로 자신의 회사에서 조사를 해 봤다고 한다. 그 사장은 보통 잔디는 남자가 도맡아 깎으니까 으레 남자가 잔디 깎는 기계를 사는 줄로 생각하고 있었던 것이다. 그런데 조사를 해 보니 80% 이상이 여성 구매자라는 결과가 나온 것이다. 여자들이 기계를 사고 남편들은 아내가 사온 기계로 잔디를 깎는 것이다. 그래서 그 회사는 모든 디자인이나

226) Tom Peters, *Re-imagine*, 정성묵 역, 『미래를 경영하라』(서울: 21세기북스, 2005), p.167.

227) Tom Peters, *The Circle of Innovation*, 이진 역, 『자기혁신 i디어』(서울: 한국경제신문, 2004), p.430.

228) Ibid., p.432.

구조를 여성들이 좋아하는 디자인으로 바꾸어서 매출이 급성장을 했다는 것이다.

교회에도 남자보다 여자들의 출석이 훨씬 더 많다. 물론 남자들이 교회에 출석할 수 있도록 노력하는 일을 중단해서는 안 되겠지만[229] 그동안 교회의 다수를 차지하고 있는 여자들에게 대한 교회의 배려가 미흡했던 것이 사실이다. 교회는 앞으로 여자들에게 더 많은 사역의 참여의 기회를 주어야 하고 많은 일들에 있어서 위임을 해야 할 것이다. 여성리더십을 세우는 데 주춤해서는 안 될 것이다. 요새 사회에서도 많은 여성들이 훌륭한 리더십을 발휘하는 것을 보게 된다. 사도 바울의 남성우월적인 발언들은 그 역시 그 시대의 아들로서, 그 당시 삶의 자리에서 나온 인간으로서 어쩔 수 없는 그의 한계를 드러낼 뿐이지 하나님의 계시도 절대진리도 아니다. 내일의 교회는 여성을 품어야 한다.

## 나가는 말

우리가 소망하는 내일의 교회는 어떤 교회인가? 역동적인 공동체. 온 세상과 이웃을 뒤집어 놓을 수 있는 폭발력을 가진 그런 공동체. 하나님이 고안하신 공동체로서 영생이라는 하나님의 선물을 가진 교회. 서로 제자가 되게 하고 예수님의 삶이 서로의 삶

---

229) 이에 대한 책으로 데이빗 머로우(David Murrow)의 *Why Men Hate Going to Church*. 주지현역. 『교회 가고 싶은 남자』(서울: 좋은씨앗, 2007)를 참고하기 바란다.

속에 깊이 스며들게 하는 교회. 은혜를 경험하고 주의 만찬을 함께 나누는 교회. 사랑과 웃음이 넘치는 교회. 죄 용서의 감격과 재미가 있는 교회. 성령의 능력과 배움을 위한 자료들이 있는 교회. 막대한 돈과 능수능란한 말솜씨, 통제와 조종이 필요 없는 교회. 능력 있고 은사 충만한 영웅들이 없어도 살아 역사하는 교회. 그 본질에 있어서 종교적이지 않은 교회. 사람들을 복음의 핵심으로 인도하여 전율케 하고 엄청난 기쁨과 경이감에 할 말을 잃게 만드는 교회. 삶의 도를 단순 명료하게 가르쳐 주는 교회. 조직적이기보다는 유기적이고, 형식적이기보다는 관계적인 교회. 이런 교회는 메시지를 가지고 있을 뿐만 아니라 그 자체가 메시지가 된다.230)

Robert Schnase는 자신의 책 『Five Practices of Fruitful Congregations』에서 교회의 중요한 다섯 가지 실천들을 주장하고 있다.231) (1) 극단적인 환영(Radical hospitality) (2) 열정적인 예배(Passionate worship) (3) 의도적인 신앙의 성장(Intentional faith development) (4) 위험을 감수하는 선교와 봉사(Risk - taking mission and service) (5) 넘치는 관대함(Extravagant generosity).

왜 오늘날의 교회는 이런 교회가 되지 못하는가? 그 문제의 원인은 어디에 있는가? 교회가 교회 되지 못했기 때문이다. 교회가 하나님의 말씀을 따라 자신을 항상 개혁시키고 변화시키지 못했기 때문이다. 변화되지 않으면 변질된다. 그러므로 교회를 교회되게 하는 것이 오늘날 교회의 문제점들에 대한 해결책이 될 수 있을

---

230) Wolfgang Simson, *Houses that Change the World*, 황진기 역. 『가정교회』(서울: 국제제자훈련원, 2008), pp.13 - 14.

231) Robert Schnase, *Five Practices of Fruitful Congregations*(Nashville: Abingdon Press, 2007).

것이다. '하나님을 하나님 되게(Let God be God)'하고 '교회를 교회 되게(Let church be church)' 할 때 내일의 교회에 희망이 있을 것이다.

# 제 7 장

## 종말론(終末論)

# Ⅰ. '영혼불멸론'에 대하여

성도가 죽으면 어떻게 되는가? 이에 대한 전통적인 대답은 영혼
불멸론이었다. 인간은 영혼과 몸으로 구성되어 있는데 죽음에 의해
영혼이 몸과 분리되어 하늘나라에 가서 그리스도와 함께 거하다가,
역사의 마지막 날에 그리스도께서 재림하실 때, 몸이 부활하게 되
고, 영혼이 다시 부활한 몸과 결합하여 천국에서 영원히 살게 된
다는 것이다.

이러한 전통적인 견해에 대해 오스카 쿨만(Oscar Cullmann)은 「영
혼불멸이냐 죽은 자의 부활이냐?」(*The Immortality of the Soul or the
Resurrection of the Dead?*, 1958)라는 논문을 통해 영혼불멸론은 성경
이 가르치는 사상이 아니라고 주장하였다. 성경이 가르치는 사상은
영혼불멸이 아니라 '죽은 자의 부활'이라는 것이다. 성경의 인간관
에 의하면 인간의 영혼과 육체는 분리될 수 없다. 인간은 영혼과
육체가 합쳐진 전인(全人)으로 살다가 전인(全人)으로 죽는 것이다.
인간의 영혼과 몸은 서로 분리되어 존재할 수 없는 관계성 가운데
있으며 더군다나 분리된 영혼이 불멸하는 것이 아니다. 그렇기 때
문에 죽음으로 인해 영혼이 몸으로부터 분리되어 따로 존재한다는
것은 성경이 말하는 내용이 아니다. 성경에 나타나는 사후의 영혼

이라는 표현도 흔히 이해하는 육체와 분리된 영혼의 개념이 아니라 자기 자신(Ich)을 가리키는 대명사이다.

예수님께서도 십자가에서 전인(全人)으로 죽으셨다. 만약 예수님께서 십자가에서 전인(全人)으로 죽지 않으셨다면, 즉 영혼이 죽지 않으셨다면, 가현설의 문제와 더불어 대속한 것만 속죄된다는 견해에서 볼 때 우리의 영혼이 속죄받지 못한다는 속죄론에 있어서 중대한 문제가 발생하게 된다.[232]

특별히 영혼불멸론에는 다음의 몇 가지 문제점이 존재한다. 첫째, 앞에서 언급했듯이 영혼을 개인의 죽음과 부활 사이, 최후의 날까지 육체가 없는 불구자(불완전한 것)로 만든다.[233] 둘째, 영혼불멸론은 인간을 '육체 – 영혼 – 통일체(단일체)(der Leib – Seele – Einheit)'로 보는 성경의 전인적인 인간 이해가 아니라 플라톤적인 인간관에 그 뿌리를 두고 있다. 셋째, 영혼을 불멸하는 것으로 보기 때문에 인간 본질의 한 부분이 신성화된다. 인간이 불멸할 수 있다면 그것은 인간 자체에서부터 나오는 어떤 본질적인 요소 때문이 아니라 영원하시고 불멸하시는 하나님과의 관계 때문이다. 그런데 영혼불멸론은 인간의 영혼 자체 속에 불멸하는 것이 있다고 보는 점에서 문제가 있다.

성경의 근본 메시지는 영혼불멸이 아니라 죽은 자의 부활이다. 교회는 예수님의 육체적 부활을 전했고 우리도 몸의 부활을 믿고 고백한다. 우리의 죽음은 영혼과 육체가 함께 하는 전인(全人)으로

---

232) 김명용, "영혼불멸과 죽은 자의 부활", 『기독교사상』(1989년 7월호), p.100.

233) Hans Kessler(Hrsg.), *Auferstehung der Toten*(Wissenschaftliche Buchgesellschaft, 2004), pp.235 – 238.

서의 죽음이고 우리의 부활도 영혼과 육체의 전인(全人)으로서의 부활이다.

그런데 이러한 전인(全人)이 죽고 전인(全人)이 산다는 주장에 대하여 제기되는 문제는 그 죽고 사는 존재의 동일성의 문제, 즉 정체성의 문제이다. 다시 말하여 전인(全人)이 죽고 전인(全人)이 부활한다고 할 때 그 부활한 존재가 죽음 이전의 존재와 동일한 존재인가 하는 것이다. 그리고 그것을 어떻게 확신하고 보장할 수 있는가 하는 문제이다. 이에 대한 답변으로 죽음 이전과 부활 이후의 그 존재의 동일성과 정체성의 보증과 보장은 바로 하나님 자신이라 할 수 있다. 하나님의 기억 속에서 우리는 죽음 이전의 존재와 동일한 존재로 다시 살아날 것이다. 하나님은 죽음 속에 있는 인간을 사랑하시며, 하나님이 인간의 희망의 마지막 근거이다. 하나님께서 그 무엇인가를, 그 누군가를 창조하셨을 때, 그는 그 무엇인가를 그리고 그 누군가를 사랑하셨고 사랑했기 때문에 창조하셨다. 하나님이 죽음 속에 있는 인간을 사랑하시기 때문에 그를 다시 전인(全人)으로 창조하실 것이다.

전인(全人)의 죽음 이해에 있어서 두 번째 제기되는 문제는 좀 더 심각한 것이다. 살아 있는 동안의 영혼이 죽음 속에서 완전히 그리고 온전히 멸절된다면 죽음 이전의 영혼과 죽음 이후의 영혼의 관계는 어떻게 되는 것인가? 우리는 결국 두 개의 영혼을 가지게 되는 셈인가? 그렇다면 우리는 두 개의 원래의(본래의, Original) 영혼을 가지는 것인가 아니면 하나는 원래이고 다른 하나는 복사판(copy)인가? 이에 대한 답변도 첫 번째 문제에 대한 답변 속에서 이해될 수 있을 것이다. 우리는 부활 이후에 하나님의 기억 속에서 한 치의 오차도 없는 동일한 영혼을 가지게 될 것이다. 죽음 이전의 나와 부활 이후의 나는 하나님의 기억 속에서, 하나님의 능력 가운데 동일한 나 자신으로 부활할 것이다.

## Ⅱ. '중간상태'에 대하여

개인의 죽음에서부터 역사의 마지막 날, 곧 주님 재림하시는 그 날까지의 기간을 중간기(Zwischenzustand)라 한다. 그리고 이 기간 동안의 죽은 자들의 실존상태를 중간상태라 한다. 중간상태 이론에 있어서 영혼불멸론과 영혼수면론은 모두 성경적인 이론이 아니다. 영혼불멸론은 몸 없는 영혼만을 말하기 때문에, 그리고 영혼수면론은 중간기 동안의 죽은 자의 깨어 있음, 의식 있음을 말하는 성경의 증언에 위배되기 때문이다.

또 다른 견해는 죽는 그 순간이 바로 역사의 마지막 날이라는 이론이다. 인간이 자신의 죽음 속에서 역사의 종말에 이르게 된다는 것이다. 여기에는 중간기나 중간상태가 존재하지 않는다. 바르트에 의하면 죽은 자는 시간이라는 유한한 차원에서 영원이라는 무한한 차원으로 옮겨 간 자이다.[234] 하나님의 영원은 초시간적인 세계이다. 하나님의 영원은 모든 시간을 초월하고 있기 때문에 오늘 죽은 자와 내일 죽는 자는 모두 하나님의 영원 속에서는 동시적이다. 마찬가지 논리로 오늘 죽는 자와 역사의 마지막 날에 죽

---

234) 김명용, "영혼불멸과 죽은 자의 부활", 『기독교사상』(1989년 7월호), p.109.

는 자 역시 하나님의 영원 속에서는 동일한 순간이다. 따라서 지금 죽는 자는 바로 역사의 마지막을 경험하게 되고, 죽는 순간이 바로 최후의 심판의 날이고, 부활의 순간이라 하였다.

그러나 이러한 주장은 하나님의 초시간적인 영원이라는 개념이 무시간과 어떤 차이가 나는가 하는 비판을 면하기 힘들다. 초시간이 결국 무시간(timelessness)이 아니냐는 말이다. 쿨만은 바르트의 초시간적인 영원의 개념이 결국 무시간성을 의미한다고 지적하면서 하나님의 영원은 결코 무시간이 아니라고 주장하였다. 죽는 순간이 역사의 마지막 날이고 최후의 심판이라는 견해의 문제점은 하나님에게 있어서 역사의 시작과 완성이 동일한 것이 되어 버린다는 점에 있다.[235] 하나님에게 있어서도 역사의 시작과 역사의 완성은 결코 동시적일 수 없다. 역사의 완성은 하나님에게 있어서도 아직 미래적인 것이다. 하나님이 역사의 완성을 이미 이룬 것이 아니다. 하나님의 영원에도 시간성이 존재한다. 하나님의 영원은 무시간적인 영원이 아니라 전체의 시간을 품고 가는 '시간적 영원성'이다. 지금 죽은 자들이 하나님의 영원 안에서 역사의 마지막 날을 경험하게 된다는 주장은 영원에 대한 잘못된 이해에서 생겨난 결론으로 여겨진다.

몰트만(Jürgen Moltmann)은 '상대적 영원'이라는 개념으로 죽은 자의 시간, 중간기를 이해한다. 죽음 이후 새롭게 창조되는 피조물에게 주어지는 영원은 하나님의 절대적 영원이라기보다는 상대적 영원이다. 그것은 본질적인 영원이라기보다는 하나님의 본질적인 영원에 참여함으로 주어지는 '분여 받은 영원'이다. 몰트만에 의하

---

235) Ibid., p.110.

면 천사는 유한한 피조물이지만 하나님의 영광을 바라봄으로 말미암아 하나님의 절대적 영원에 참여하게 되고 바로 이 하나님의 절대적 영원에 참여함으로 영원한 존재라고 말한다. 부활할 자들에 대해서도 똑같은 말을 할 수 있는 것이다.

로핑크(Gerhard Lohfink)는 죽은 자가 제3의 시간 속으로 들어가게 된다고 말한다. 그는 이 시간 개념을 아이붐(aevum)이라 하였다. 현세의 시간은 지금이라는 것의 꾸준한 흐름이다. 그러므로 현세의 시간적 실존은 자신의 과거를 더 이상 소유하지 못하며 자기의 미래를 아직 소유하지 못하고 있는 상태로 존재한다. 그는 오직 현재만을 소유할 뿐이다. 그에 반해 영원하신 하나님은 전적인 동시에 나누어지지 않음 속에서 자기의 전 존재를 소유한다. 아이붐은 이러한 시간과 영원의 중간에 있으며 그 둘과 구별된다. 아이붐은 과거로 흘러가지 않는다는 점에서 시간과 구별되고 변화의 가능성이 있다는 점에서 영원과 구별된다. 아이붐은 '현양된 시간(Verklärte Zeit)'이다. 그것은 집합된 시간이다. 출생에서 죽음까지의 한 인간의 전체 역사가 새로운(현양된) 시간의 동시성 속으로 들어간다. 현양된 시간은 지상에서 살아온 시간의 정적인 총합이며 한 사람의 지상의 역사가 궁극적으로 들어가게 되는 정지된 지금이다.

그레샤케(Gisbert Greshake)도 중간상태(Zwischenzustand)가 바르게 유지되어야 한다고 주장하며 다음과 같이 말한다. "하나의 온전한 인간이 죽음 속에서 생명으로 부활되어야만 한다. 그러나 아직 모든 것의 완성은 아니다. 그것은 시간의 끝까지 기다려야 한다. 죽음 속에서 온전한 인간의 완성은 아직 이루어지지 않았다. 그것은 우주적 부활을 기다린다."[236)

이상을 정리하면 인간은 피조물이므로 죽음 후에도 여전히 피조
물적 실존으로 존재한다. 그러므로 죽음 후에도 시간을 완전히 벗
어날 수 없다. 죽은 자는 여전히 시간의 의식 속에 존재하고 있음
을 성경은 증거하고 있다. 우리는 죽음 후에도 어떤 형태로든 시
간을 의식하게 될 것이라고 말해야 한다. 죽은 자의 시간의 성격
은 몰트만의 견해처럼 상대적 영원으로, 로핑크의 견해처럼 현양된
시간으로 말할 수 있다. 그것은 더 이상 현세의 시간도 아니고 하
나님의 영원도 아니다. 그것은 현세의 모든 시간이 그 속에 합류
하는 영원과 유사한 개념이다. 여기서 중요한 것은 죽은 자도 시
간 안에 거한다는 사실이다. 죽은 자는 현양된 시간에 들어가서
파루시아를 대망하며 실존하고 있는 것이다. 중간기는 현세의 시간
과는 차원이 다르다 할지라도 시간성을 가지고 존재한다.

그러면 죽은 자는 어떤 상태로 존재하는가? 먼저 성도는 죽는
즉시 천국의 복락을 누린다. 그것이 성경에서 아브라함의 품, 낙원,
주님의 재단 아래 등 여러 가지로 표현되고 있지만 모두 다 천국
을 가리키는 것이다. 그들은 천국에서 역사의 마지막 날을 기다린
다. 천국에 있는 성도의 상태는 육체에서 이탈한 영혼만이 아니다.
영혼불멸은 성경적 사고가 아니다. 예수님도 영혼만이 천국에 계신
것이 아니다. 예수님은 부활한 몸을 가지시고 승천하셨다. 천국에
서 복락을 누리는 자는 육체에서 빠져 나온 영혼이 아니라 전인
(全人)으로서 나(Ich)라는 존재이다.

---

236) Gisbert Greshake, Art. "Zwischenzustand", in: ³LThK 10, 1530.

그런데 여기에도 두 가지 견해가 존재한다. 먼저는 라칭어 (Joseph Ratzinger)가 말하는 영혼이라는 개념이다. 라칭어는 죽음 이후 천국에서 복락의 삶을 누리는 전인(全人)으로서의 나(Ich)라는 존재를 가리켜 영혼이라는 말을 사용할 것을 주장한다. 물론 여기에서 라칭어가 말하는 영혼이라는 개념은 플라톤적인 비물질적인 그러한 영혼의 개념은 아니다. 질료가 들어 있는 영혼의 개념이다.[237] 그러나 라칭어는 그 영혼이, 그 나(Ich)라는 존재가 부활체를 입었는지에 대해서는 그렇지 않다라고 말한다. 이처럼 라칭어가 죽음 이후 중간상태에 있는 성도의 존재를 부활체를 입은 전인으로 명확하게 말하지 못하는 이유는 그가 역사의 마지막에 있을 부활을 붙잡고 있기 때문이다. 그는 부활은 역사의 마지막 날에 있을 것으로 보면서 중간기 동안의 죽은 자의 존재 양태와 역사의 마지막 날 부활 시에 입을 부활체를 구별하고 있는 것이다.

이러한 점은 몰트만에게 있어서도 마찬가지이다. 몰트만도 묵시 사상에 입각하여 부활은 역사의 마지막에 있을 것이라 보기 때문에 개인의 죽음과 역사의 마지막 사이 중간기 동안의 죽은 자의 상태에 대하여 육체를 가진 것도 아니고 그렇다고 영혼만도 아닌, 명확한 표현을 하지 않음으로써 이 문제를 피해 가고 있다.

두 번째 이론은 죽는 즉시 부활하여 부활체를 입는다는 것이다. 성도는 죽음 이후 주님 오시기까지 중간기 동안 영혼만이 아니라 부활체를 입고(개인의 완성) 몸을 가진 존재로 의식이 있는 채로 실존한다는 것이다. 성도는 죽는 즉시 천국에서 부활한 존재로, 부활체를 입고 영생복락을 누리면서 역사의 마지막 날을 기다리고

---

237) 김명용, "영혼불멸과 죽은 자의 부활", 『기독교사상』(1989년 7월호), p.110.

있다. 역사의 마지막 날의 죽은 자의 부활은 천국에서 이미 부활하여 영생의 복을 누리는 자들이 그리스도의 재림과 더불어 지상으로 나타나는, 현현하는 영광스러운 사건을 지상의 관점에서 표현한 것이다.[238] 이미 죽어 천국에 있는 자들이 역사의 마지막 날에 다시 새롭게 변하여 그때까지의 존재와는 다른 존재로 나타나는 것이 아니라, 천국에 있었던 원래의 영광스러운 모습으로 나타나는 것이다. 성도는 중간기 동안 이미 부활하여 천국에서 전인(全人)으로 존재하는 것이다.

## Ⅲ. 죽음 순간의 부활인가, 역사의 마지막 날의 부활인가?

사람은 전인(全人)이 죽고 전인(全人)이 부활한다. 그렇다면 그 부활의 시기는 언제인가? 전통적인 답변은 부활은 역사의 마지막에 일어난다고 말한다. 개인의 죽음과 역사의 마지막 사이에 인간은 영혼으로 존재하다가(영혼불멸) 최후의 날에 몸으로 부활한다는 것이다. 그러나 사람이 전인(全人)으로 죽고 전인(全人)으로 다시 부활한다는 사실로 볼 때 사람은 죽는 즉시 부활한다고 말해야 옳을 것이다.

성경은 세 가지 종류의 부활을 말하고 있다. 예수 그리스도를 구주로 믿음으로 말미암아 지금 즉시로 일어나는 '현재적 부활', 성도의 죽는 즉시 발생하는 '죽는 순간의 부활', 그리고 역사의 마

---

238) Ibid., p.111.

지막에 있을 '미래적 부활'이 그것이다. 성도는 죽는 즉시 전인(全人)으로 부활하게 되며 중간기를 거쳐 역사의 마지막에 그리스도와 함께 나타나게 될 것이다. 죽음에서 일어나는 부활이론은 죽음 이후의 영혼만의 실존을 부인하고 영혼과 육체, 즉 전인(全人)으로서의 인간이 죽음 후에도 실존한다는 것을 말하고 있다. 전인(全人)으로서의 인간은 죽는 그 순간 부활한다.[239]

그렇다면 예수님을 믿는 순간 부활체가 생기는가 아니면 믿는 사람이 죽는 순간 부활체가 생기는가? 우리가 부활체를 얻기 위해서는 죽음이 필요하다. 그러므로 죽음의 시점에 부활체를 얻는다고 말해야 할 것이다.[240]

또 한 가지의 질문. 그렇다면 죽음 안에 있는 사람이 가지는 몸은 어떤 몸인가? 그것은 죽음 이전의 현세의 몸과 어떤 관계가 있는가? 칼 라너(Karl Rahner)는 현세의 몸과 부활체의 동일성은 몸에 있는 것이 아니라 영혼에 있다고 말한다.[241] 그레샤케(G. Greshake)는 바울이 죽은 자의 깨어남(소생)을 약속하지 않고 죽음 후의 하나의 새로워진 실존을 약속한다고 말하면서 부활체와 지상의 몸은 상관없는 것이라고 말한다.[242] 부활체는 죽음 이전의 현세의 육체와 전적으로 다른 것이다. 죽은 몸이 다시 살아나는 것이 아니다. 그러므로 죽은 자의 시체가 여기 있으므로 부활하지 않았

239) 최태영, 『그리스도인은 죽을 때 부활한다』(서울: 도서출판 아름다운 사람들, 2000), p.187.

240) Ibid., p.191.

241) Karl Rahner, *Schriften zur Theologie.* . tr. by Margaret Kohl. *Theological Investigation. vol. 17. Jesus, Man and the Church*(New York: Crossroad, 1981), p.120.

242) 최태영, 『그리스도인은 죽을 때 부활한다』(서울: 도서출판 아름다운 사람들, 2000), p.131.

다라고 말할 수 없는 것이다. 사람이 죽는 순간에 영혼도 또한 몸과 함께 죽지만(전인의 죽음) 죽는 그 순간 부활하게 된다. 영혼이나 몸이나 죽는 순간 하나님의 부활의 능력으로 말미암아 새로운 실존의 형태를 갖게 되는 것이다.[243]

그런데 여기서 반드시 짚고 넘어가야 할 중요한 문제가 하나 있다. 그것은 바로 예수님의 부활이다. 우리는 우리의 부활의 모델로 예수님의 부활을 생각하며, 또 성경의 기자들도 그렇게 말하고 있다. "만일 우리가 그의 죽으심과 같은 모양으로 연합한 자가 되었으면 또한 그의 부활과 같은 모양으로 연합한 자도 되리라."(롬 6:5) 그런데 예수님의 부활은 죽음 이전의 몸으로의 부활이었다. 현세의 몸으로 부활하신 것이다. 이를 성경에서는 '빈 무덤 전승'으로 증거하고 있다. 복음서는 모두 예수님의 시체가 보이지 않는다고 증거하고 있다. 복음서는 예수님의 시체가 부활했다고 말하고 있는 것이다. 예수님은 죽음 이전의 몸으로 부활하신 것이다. 이러한 죽음 이전의 현세의 몸으로서의 예수님의 부활과 죽는 즉시 부활체를 입으며 부활체는 죽음 이전의 현세의 육체와 전적으로 다른 것이라는 이론이 어떻게 조화를 이룰 수 있는가?

최태영 교수는 죽는 즉시 부활체를 입는 전인(全人)으로서의 부활을 주장하는 가운데 예수님의 부활을 예외적인 것으로, 특수한 것으로 설명한다. 현세의 몸으로의 예수님의 부활은 우리로 하여금 예수님께서 참으로 부활하셨음을 믿도록 하기 위한 목적으로 주어진 특별한 사건이라는 것이다.[244] 최태영 교수에 의하면 만약 예수

---

243) Ibid., p.149.
244) Ibid., p.197.

님의 시체가 무덤에 그대로 있었다면 사람들과 제자들은 예수님께서 부활하셨다는 사실을 믿지 않았을 것이다. 시체가 무덤에 그대로 있는데 예수님이 부활체를 입고 아무리 제자들에게 나타나셨다고 한들 제자들은 그 예수님을 단지 영(靈)으로만 생각할 뿐이지 몸의 부활을 믿지 못했을 것이다. 제자들로 하여금 부활을 믿도록 하기 위한 비상수단으로 하나님은 예수님을 죽은 몸 그 자체로 부활하게 하신 것이다. 그런데 이러한 부활은 예외적인 것이며, 그 당시 상황의 특수성으로 인해 발생한 예수님에게만 해당되는 특수한 부활이다. 그것은 제자들의 부활신앙을 위한 것이었으며, 그것이 보편적인 부활, 죽음 안에 있는 부활의 모델은 아닌 것이다.

최태영 교수는 예수님의 부활은 우리의 부활의 모델이 아니며 우리의 부활은 예수님의 부활과 다를 것이라고 말한다. 최태영 교수에 의하면 예수님께서 현세의 몸으로 부활하셨기 때문에 우리도 현세의 몸으로 부활해야 한다고 말해서는 안 된다고 한다. 예수님의 부활사건은 그분에게만 해당되는 특별한 의미를 가지고 있기 때문이다. 만약 예수님의 시체가 무덤에 그대로 있었다면 누가 예수님의 부활을 믿었겠는가? 예수님은 우리의 부활신앙을 위하여 특수하게 부활하실 수밖에 없었다는 것을 우리는 이해해야 한다. 하나님은 우리의 부활신앙을 위하여 우리가 보고 확인할 수 있도록 예외적인 부활사건을 일으키신 것이다. 그것은 어디까지나 예외적인 것이지 보편적인 부활현상은 아닌 것이다. 원래의 부활은 현세의 몸과는 상관없는 눈에 보이지 않는 것이다. 예수님께서 눈에 보이는 모습으로 부활하신 것은 부활의 사실성을 나타내기 위한 고육지책(苦肉之策)이었다.[245]

이러한 설명에 대해 두 가지 반론을 재기할 수 있겠다. 첫째는, 죽는 즉시의 부활을 이야기하다가 유독 예수님의 부활에 와서 예외라느니, 특수한 것이라느니 하는 것은 자신의 주장을 관철시키려는 논리적 비약으로 밖에 보이지 않는다. 둘째로는, 앞서 말했듯이 성경은 우리의 부활의 모델로 예수님의 부활을 말하고 있다. 그런데 예수님의 부활이 우리의 부활의 모델이 될 수 없다고 말하는 것은 혼자만의 주장이 아닌가 싶다.

한스 케슬러(Hans Kessler)는 자신의 글 "Jenseits von Fundamentalismus und Rationalismus"[246]에서 예수님의 부활에 대해 다른 주장을 내놓는다. 결론적으로 말하자면 예수님도 십자가에서 죽은 즉시로 부활체로 부활하셨다는 것이다. 예수님의 부활전승에는 '빈 무덤 전승'과 '부활하신 예수님의 현현전승' 두 가지가 존재한다. 그런데 복음서보다 시대적으로 앞선 바울에게는 '빈 무덤 전승'이 없고 '부활의 현현전승'만 존재한다. 바울은 다메섹으로 가는 도중에 부활하신 예수님을 만난 것이다. '빈 무덤 전승'은 바울보다 시대적으로 뒤진 복음서에 나타나고 있다. 케슬러는 전인(全人)의 부활은 시체의 부활이 아니라고 말한다. 시체는 여전히 있지만 이미 부활했다는 것이다. 이러한 조건은 예수님에게도 해당된다는 것이다. 예수님이 부활했고 제자들이 부활하신 예수님을 만난 것이다. '빈 무덤 전승'은 예수님의 부활에 대한 증명으로 후대에 생겨난 것이다.

---

245) Ibid., pp.199 - 200.

246) Hans Kessler, "Jenseits von Fundamentalismus und Rationalismus", Hans Kessler(Hrsg.), *Auferstehung der Toten*(Wissenschaftliche Buchgesellschaft, 2004), pp.296 - 321.

예수님의 부활을 죽는 즉시 부활체를 입은 전인(全人)의 부활로 이해하고, 현세의 시체는 부활과 상관없는 것으로 이해하는 것은 죽음에서의 부활이론과 논리적으로도 맞고, 또 예수님의 부활이 우리의 부활의 모델이 된다는 점에서는 긍정적인 면이 있으나, 성경에 나타난 '빈 무덤 전승'을 그렇게 쉽게 버릴 수 있는가의 문제와 예수님께서 부활체를 입고 진정한 몸으로 제자들에게 나타나셨다고 믿는다 할지라도, 무덤에 여전히 예수님의 시체가 남아 있기 때문에 예수님께서 실재로 부활한 것이 아니라고 말할 수 있는 여지를 남김으로 예수님의 부활의 역사성에 문제가 될 수 있다. 판넨베르크(W. Pannenberg)는 "무덤에 시체가 있는데 빈 무덤 전승이 가능했겠는가?"라고 질문하면서 빈 무덤 전승은 역사적 사건이라고 주장한다. 아무튼 죽음에서의 부활이론이 보다 더 강한 설득력을 가질 수 있으려면 바로 이 예수님의 부활의 문제와 '빈 무덤 전승'의 문제를 해결해야만 할 것이다.

다음 주제로 넘어가서, 한 가지 말해야 하는 것은 사람이 죽는 즉시 부활체를 가진 존재로 부활한다 할지라도 그것은 온전한 부활의 완성이 아니라 절반의 완성이라는 사실이다. 그레샤케에 의하면 성경은 '개인의 완성'과 '우주적 완성'이라는 두 가지 개념의 완성을 말하고 있다. 그런데 성경의 이 사상이 헬라철학, 특별히 플라톤적 인간론을 만나면서 개인의 완성은 영혼불멸론으로, 우주적 완성은 몸의 부활로 변형되었다는 것이다. 그레샤케에 의하면 죽은 자는 영혼뿐만이 아니라 부활체를 입은 전인(全人)으로서(개인의 완성) 주님과 함께 거하면서 우주적 완성을 기다린다고 말한다.

죽은 자는 몸 없는 영혼만의 존재가 아니라 부활체를 입은 전인으로 이해해야 한다. 그럼에도 불구하고 부활이 완성된 것이 아니다. 부활의 완성은 주님 오시는 그날이다. 왜냐하면 개인의 완성은 전체의 완성 시에 이루어지는데 이는 개인이 전체와 연결되어 있기 때문이다. 개인의 완성은 전체의 완성 안에서만 가능하다. 부활은 역사의 마지막에 비로소 완성을 발견할 수 있다. 그러므로 마지막 날 부활에 관한 말은 의미 있고 필수불가결한 것이라 할 수 있다.[247] 바울도 은폐와 현현의 개념으로 성도들의 부활을 말하고 있다. 이미 죽어 그리스도와 함께 부활한, 그리고 자신들의 부활체를 이미 받은 성도들은 역사의 마지막에 다시 부활할 필요가 없으며 역사 속에 은폐되어 있다가 역사의 마지막 날에 현현하게 된다는 것이다.[248]

개인의 죽음 속에서 각 개인은 하나님에게서 자신의 완성을 발견한다. 개인적인 자기 자신으로서는 완성에 이른 것이다. 자기 자신과 하나님과의 일대일의 관계에 있어서는 완성에 이르렀다. 그러나 죽음 이후 영혼과 부활체의 전인(全人)으로 존재하는 죽은 자는 역사의 마지막을 기다린다. 죽는 순간 일어나는 부활은 역사의 마지막 날에 일어나는 보편적인 부활과 구별되어야 한다. 이 두 부활의 관계는 미완성과 완성, 은폐와 현현의 관계라 말할 수 있다. 개인의 부활, 즉 죽음에서 부활한 개인은 아직 자기의 궁극적인 완성을 이루지 못하고 있다. 개인의 죽음 안에 있는 부활은 완성

---

247) G. Greshake & J. Kremer, *Resurrectio Mortuorum*, p.264.
248) 최태영, 『그리스도인은 죽을 때 부활하나』(서울: 도서출판 아름다운 사람들, 2000), p.213.

된 것이 아니다. 완성은 오직 마지막 날 모든 지체들이 부활할 때 이루어질 것이다. 왜냐하면 부활은 단지 개인적인 것이 아니고 개인과 공동체와 역사가 서로 얽혀 있는 우주적 과정이기 때문이다. 개인은 본질적으로 타자와의 관계성 속에 실존하는 존재이므로 타자가 완성에 이르기 전에는 그 본인도 완성에 이르렀다고 할 수 없다. 타자와의 관계성 속에서 본인에 대한 오해와 왜곡이 있을 수 있기 때문이다. 그러므로 타자의 부활과 완성이 곧 나 자신의 완성이 되는 것이다. 따라서 완성의 날은 역사의 종말에 있는 것이다. 하나님이 모든 것의 모든 것이 될 때 부활은 완성되는 것이다.[249]

성도는 죽는 순간 전인(全人)이 죽고 전인(全人)이 다시 살 것이다. 그때 성도는 부활체를 입을 것이다. 하지만 역사의 과정 속에 은폐되어 있다가 주님 오시는 마지막 날에 주님과 함께 나타날 것이다. 역사적 종말 시의 부활은 죽음 안에서의 부활의 현현사건인 것이다. 죽음 안에서 부활한 성도는 역사의 종말이 도래할 때까지 그 완성을 기다리면서 그리스도와 교제하면서 개인의 부활과 종말적 완성 사이의 중간기를 살고 있는 것이다. 영혼불멸과 죽은 자의 부활은 서로 모순되는 것이 아니라 희망, 즉 죽음에 의해서 인간의 운명이 끝나고 소멸되는 것이 아니라는 것을 표현하고 있는 것이다.[250]

---

249) Ibid., pp.204 – 205.
250) Ibid., p.185.

# Ⅳ. 윤회사상과 몰트만의 죽음 이후의 삶의 지속에 대하여

윤회(輪廻)라는 단어는 '바퀴 륜(輪)'에 '돌 회(廻)'를 쓴다. 바퀴가 끝없이 돌아가듯이 인간의 삶이 계속해서 반복된다는 의미이다. 윤회(transmigration or reincarnation)는 인간이 죽은 다음 그의 영혼이 죽은 사람의 시체에서 빠져 나와 다양한 생명체로 거듭 태어나 새로운 형태의 삶을 살게 된다는 이론이다. 윤회설은 다음의 두 가지 형태로 구분되는데, 첫째는 죽은 사람의 영혼이 그의 친족이나 부족의 구성원 속에서 다시 태어난다고 믿는 것이고, 둘째는 죽은 사람의 영혼이 식물이나 동물이나 벌레 속에서 완전히 변형된다고 믿는 것이다.[251] 즉 윤회는 죽음이 끝이 아니라 생명이 한 형식에서 다른 형식으로 다시 태어나는 것을 말하는 것이다.

윤회설은 카르마(karma; 업(業))에 기초한다. 카르마(업)란 인간이 현세에서 몸과 입과 뜻으로 짓는 선악(善惡)의 소행을 말하며, 혹은 전생(前生)의 소행으로 말미암아 현세에 받는 응보(應報)를 가리킨다. 이 세계의 주어진 상황 속에서 인간이 행하는 모든 것은 죽은 다음에 올 새로운 형태의 생명을 결정하는 데 기초가 된다. 선을 행한 자는 복된 생명으로 다시 태어나고 악을 행한 자는 고통스러운 생명으로 다시 태어난다. 그가 행한 바에 따라, 즉 그가 남긴 업(카르마)에 따라 그의 다음의 생이 결정되는 것이다. 자신의 업에 대한 마지막 보상을 전부 치르기까지 그는 계속해서 다른 생명으로 다시 태어나야 하는 것이다. 그렇다면 인간은 윤회의 수

---

251) 김균진, 『죽음의 신학』(서울: 대한기독교서회, 2002), p.303.

레바퀴를 언제 벗어날 수 있는가? 자신의 업에 대한 보상을 전부 다 치렀을 때 그는 윤회의 수레바퀴를 벗어날 수 있다. 그때 인간은 이 세상 속으로 다시 태어나지 않고 영원한 안식과 기쁨의 세계, 곧 열반의 경지로 해방될 것이다.[252]

그리스 철학자 피타고라스와 플라톤도 윤회사상을 신봉하던 자들이었다. 피타고라스에 의하면 정화되지 못한 영혼은 죽음 이후에 세상으로 다시 돌아와 다른 육체 속으로 들어간다. 영원한 세계로 들어가기까지 영혼은 여러 번 세상으로 돌아가, 여러 종류의 육체 속에 들어가 있으면서 정화를 위한 훈련을 받아야 한다. 플라톤에 의하면 인간의 영혼은 신적인 것으로서, 인간이 태어나기 이전에는 영원한 신의 세계 속에 존재한다. 그 영혼은 인간의 출생과 함께 육체와 결합하게 되는데, 영혼은 육체의 감옥 속에 있으면서 1만 년 동안 세상의 여러 가지 생물들 속에서 윤회하다가 자기완성에 도달하면 윤회의 사슬을 끊고 이데아의 세계로 돌아가게 되는 것이다.[253]

이상의 윤회설의 긍정적인 면은 첫째, 선(善)을 장려하고 악(惡)을 억제하는 윤리적 기능을 한다는 것이다. 다음 생에서 좋게 태어나려면 현재의 삶 속에서 선(善)을 쌓아야 하기 때문이다. 둘째로는, 인간을 우주적 공동체 안에 속한 자연의 한 부분으로 보며, 인간의 생명뿐만 아니라 자연의 모든 생명을 보호할 수 있는 근거를 제공하고 있다는 점이다. 셋째로, 죽음을 심판이 아니라 또 하나

---

252) Ibid., pp.304 - 305.
253) Ibid., p.307.

의 기회로 보게 함으로 죽음에 대한 두려움을 없애 준다는 것이다.

반면에 윤회설의 문제점은 첫째로, 윤회사상은 영혼불멸론을 전제하며, 인간을 영혼과 육체라는 이원론으로 보고 있다는 점이다. 이는 인간을 전인(全人)으로 보는 성경의 사상과 배치되는 것이다. 둘째는, 보다 나은 다음에 태어날 생애만을 소망하기 때문에 현재의 삶에 연연하지 않는 여유로운 삶의 태도를 보일 수 있는 장점이 있을 수 있으나 이것을 반대로 생각해 보면 현실의 삶을 사랑하지 않고 빨리 지나가기를 바라면서 삶을 억지로 살아가는 태도를 가지게 되기 쉽다는 것이다. 셋째로, 윤회사상은 엄격한 인과율(因果律)과 인과응보(因果應報) 사상에 지배받기 때문에 현세의 불행한 삶을 사는 자들에 대하여 당연시하는 태도를 보이며, 그들을 긍휼히 여기는 마음이나 돕고자 하는 마음을 제한할 수 있다. 넷째, 윤회설은 현재 존재하는 영혼의 수를 제한하여 새로 태어나는 인격들을 그들의 삶에서 배제시키게 된다. 즉 새로 태어나는 사람들은 자신의 삶을 사는 것이 아니라 전생(前生)의 어떤 사람의 삶을 살아가게 되는 셈이 되어 버리는 것이다. 예를 들어, 현재의 달라이 라마는 본래적 자신의 삶을 빼앗기고 달라이 라마의 삶만을 살게 되는 것이다. 다섯 번째, 숱한 현생의 삶을 반복함으로 인해 인간 한 존재의 정체성이 모호해진다는 점이다. 그렇게 수백 년간을 윤회한 그 존재를 도대체 누구라 할 수 있느냐는 것이다.

이러한 윤회사상은 성경의 정신과 맞지 않는 것이다. 성경은 "한 번 죽는 것은 사람에게 정해진 것이요 그 후에는 심판이 있으리니"(히 9:27)라고 말씀하고 있다. 다시 돌고 도는 삶의 연속은 있을 수 없다. 성경은 전생(前生)이라든지 환생(還生)이라든지 하는 것을 받아들이지 않는다. 인간은 태어나서 죽음으로 이생의 삶을 마치는 것이지 또 다른 생명으로, 다른 삶으로 태어나지 않는 것이다.

그런데 몰트만은 윤회사상과 다르기는 하지만 자신의 책『*In the End-the Beginning*』254)에서 "죽음 이후에 우리를 기다리는 것은 우리의 실패된 시작들, 혹은 삶에 대한 좌절된 시도들의 영원화가 아닐 것"이라고 전제하면서 죽음 이후의 삶의 지속과 완성을 주장한다. 몰트만은 자신의 책에서 다음의 질문을 제시한다. "나는 살 수가 없었고 살도록 허용되지 않았던 사람들의 삶, 이를테면 출생과 함께 죽은 사랑했던 아기, 네 살에 자동차에 치어 죽은 아이, 폭탄에 맞아 몸이 찢겨 죽은 내 곁에 있었던 16살의 내 친구, 그리고 강간당하여 살해된 후 폐기되어 버린 수많은 사람들의 삶을 생각해 본다. 어디에서 그리고 어떻게 그들의 삶은 완성될 것인가? 어디에서 그리고 어떻게 그들은 안식을 누리게 될 것인가?"255) 몰트만의 주장은 그들이 그들의 삶을 완성해야 한다는 것이다. 그것이 윤회사상처럼 이 세상에 다시 태어나는 것은 아니라 할지라도 자신의 의지가 아닌 다른 것에 의해 자신의 삶이 중단된 그들의 삶이 죽음 이후의 삶 속에서 완성되어야 한다는 것이다. 왜냐하면 그들이 아직 안식을 누리지 못하고 있다는 느낌을 받고 있기 때문이다. 몰트만은 "이와 같이 단절되고 파괴된 삶과 함께 하는 하나님의 계속적인 역사를 생각할 수밖에 없지 않은가?"256)라고 질문

---

254) J. Moltmann, *In the End-the Beginning*, 곽미숙 역, 『절망의 끝에 숨어있는 새로운 시작』(서울: 대한기독교서회, 2006).

255) Ibid., pp.158-159.

256) Ibid., p.159.

하며 다음과 같이 주장한다.

나는 하나님이 인간과 함께 시작하신 삶을 완성(빌 1:6)시키실 것이라고
믿는다. 하나님께서 이루실 완성을 죽음이 결코 막을 수 없을 것이다. 우
리의 삶과 함께 하시는 하나님의 역사는 죽음 이후에도 우리가 완성에
이르기까지 지속될 것이다. 이것이 이루어지는 곳은 중간상태이다. ……
나는 중간상태를 이 세상에서의 단절되고 파괴된 삶이 자유롭게 펼쳐지
는 확대된 삶의 공간으로 생각한다. 나는 중간상태를 인간과 함께 하시는
하나님의 시간이 계속되고 완성에 이르게 되는 새로운 삶의 시간으로 생
각한다. ……이리하여 사고를 당하여 죽은 사람들, 깨어진 사람들, 파괴된
사람들도 그들에게 정해졌던 삶, 곧 그것을 향해 태어났지만 그들에게서
빼앗긴 삶을 살 수 있게 될 것이다.[257]

몰트만의 사고는 우리에게 신선함을 던져 준다. 우리는 이제까
지 죽으면 그것으로 끝이라고 생각했었다. 우리는 죽음 이후를 아
무런 변화도 없는 마치 정지된 세계로 생각했었다. 그저 하나님의
품에서 안식을 누리는 삶 정도로만 이해했었다. 죽음 이후에도 변
화가 있고 하나님 안에서 못 다 이룬 자신의 삶의 완성을 이루어
간다라는 생각은 일견 의미 있어 보인다. 하지만 성경이 이 부분
에 대해서 자세히 말해 주지 않고 있는데 너무 많은 상상을 하는
것은 아닌가 하는 생각이 들며(성경의 증거가 희박), 그렇게 자신
의 삶을 못다 이루고 죽은 사람들 말고도, 천수(天壽)를 누리고 죽
는 성도들 가운데에도 죽을 때 제대로 살지 못한 자신의 인생을
후회하는 자들이 있는데 그러면 그들도 죽음 이후에 자신의 온전
한 삶을 다시 반복하는 것인지와 같은 애매모호한 문제점들이 발
생한다.

257) Ibid., pp.159 – 160.

## V. 연옥설과 산 자와 죽은 자의 교통의 문제

가톨릭교회는 죽음 이후의 상태에 있어서 천국과 지옥, 그리고 연옥을 상정한다. 연옥은 라틴어로 '*purgatorium*'이라 불리며 이는 '깨끗하게 하다', '정화하다'라는 뜻의 라틴어 '*purgare*'에서 유래하였다. 연옥은 '정화의 장소'를 가리키는데 1336년 교황 베네딕트 12세의 교서를 통하여 가톨릭교회의 공식 교리가 되었다.[258] 이 교서에서 그는 죽은 자들이 최후의 날에 부활할 때까지 잠자는 상태로 있다는 교회의 전통적 이론을 거부하고 죽은 자들은 죽음과 동시에 하나님의 심판을 받는다고 주장하였다. 각 사람은 죽음과 동시에 하나님의 심판을 받는데 하나님을 믿지 않는 자는 지옥에 떨어지고 믿음 가운데서 죽은 자는 죄의 용서를 받는다. 그러나 주님을 믿음으로 말미암아 죄는 용서받을지라도 현세에서 행위를 통해 죄의 결과를 속죄하지 못한 사람들은 하나님의 얼굴을 볼 정도로 그렇게 깨끗하게 되지 못하였기 때문에 정화의 과정을 거쳐야 천국에 갈 수 있다. 그러므로 죽은 자들은 그들이 완전히 정화되기까지 연옥에서 단련받아야 한다.

종교개혁자 루터(M. Luther)와 칼뱅(J. Calvin)은 이러한 연옥설을 철저히 비판하였다. 그들은 그리스도께서 십자가에서 단번에 우리의 모든 죄를 청산하셨으므로 죽은 자들의 영혼이 징벌의 참회를 통해 축복된 경지에 이르기 위한 더 이상의 업적들이 필요하지 않으며, 또한 임종을 앞 둔 이들은 더 이상 죄책감과 심판에 대한

---

258) 김균진, 『죽음의 신학』(서울: 대한기독교서회, 2002), p.321.

두려움으로 고통당할 필요가 없다고 선포하였다.[259]

몰트만(J. Moltmann)도 참회를 위한 업적을 쌓는 곳으로서의 연옥의 개념에 대해서는 부정적인 견해를 표시하였다. 그러나 그가 이 연옥의 개념에 긍정을 표시하는 부분이 있는데 그것은 바로 연옥의 개념이 이 세상의 살아 있는 자와 죽은 자의 관계성을 긍정하고 있기 때문이다. 가톨릭 신앙명제는 "우리는 세상을 떠난 사람들을 효과적으로 도울 수 있다."라고 말한다. 그리스도 안에 있는 성도는 누구나 징벌의 사면을 죽은 자들에게 보장해 달라고 하나님께 간구할 수 있는 권한을 가지며 이를 통해 죽은 자들의 영혼이 연옥에서 정화되는 기간을 단축시킬 수 있다는 것이다. 몰트만은 산 자와 죽은 자의 연대성을 아주 중요하게 생각한다. 죽은 자가 잊혀서는 안 되며 기도와 예배와 성찬을 통해 그들과 교통할 수 있어야 한다고 주장한다. 이런 맥락에서 그는 동양의 조상제사를 긍정적인 시각으로 바라본다. 몰트만은 살아 있는 후손들의 신앙이 죽은 조상들을 성결케 하는 영향력을 행사할 수 있다고 말한다.[260] 그는 살아 있는 자의 기도가 죽은 자들의 구원을 위해 무엇인가를 행할 수 있다고 믿지는 않지만 죽음으로부터 부활하신 그리스도는 자신의 구원의 능력을 죽음의 나라에서도 행사하시기 때문에 이런 맥락에서 죽은 자를 위한 우리의 기도가 의미 있다는 것이다.

필자 역시 우리가 우리의 조상을, 이미 죽어 이 땅에는 더 이상

---

259) J. Moltmann, *In the End - the Beginning*, 곽미숙 역, 『절망의 끝에 숨어있는 새로운 시작』(서울: 대한기독교서회, 2006), p.152.

260) Ibid., p.183.

존재하지 않는 우리의 사랑하는 사람들을 잊지 않고 기억하는 것이 중요하다고 생각한다. 우리는 그들을 기억해야 하고 추모해야 하고 그들의 유언을 상기해야 한다. 그러나 성경이 죽은 자들과의 교통을 금지하고 있다는 사실을 기억할 필요가 있다. 이 세상과 저 세상은 분명 구별된 세상이다. 우리는 죽은 자들을 기억하고 추모하고 그들에 대한 사랑을 회상할 뿐인 한계를 유지해야 할 것이다.

주성일

▌약력

경희대학교(B.A.)
장로회신학대학교 신학대학원(M. Div.)
장로회신학대학교 대학원(Th. M.)
장로회신학대학교 대학원 박사과정

▌주요논문 및 저서

「느헤미야를 통해 본 리더십 모델 연구」
『만물을 새롭게 하시는 하나님』(경기도 파주시: 한국학술정보(주), 2008)

# 조직신학단상

**초판인쇄** | 2009년 4월 15일
**초판발행** | 2009년 4월 15일

**지은이** | 주성일
**펴낸이** | 채종준
**펴낸곳** | 한국학술정보㈜
**주　소** | 경기도 파주시 교하읍 문발리 513-5 파주출판문화정보산업단지
**전　화** | 031) 908-3181(대표)
**팩　스** | 031) 908-3189
**홈페이지** | http://www.kstudy.com
**E-mail** | 출판사업부　publish@kstudy.com

**등　록** | 24,000원
**가　격** |

ISBN　978-89-534-1614-7 93230 (Paper Book)
　　　　978-89-534-1615-4 98230 (e-Book)